Kathrin Feldhaus & Margarethe Mehring-Fuchs (Hg.)

ICH HAB JETZT DIE GLEICHE FRISUR WIE OPA

Wie kranke Kinder und Jugendliche das Leben sehen

Patmos Verlag

DIE SACHE MIT DEM LEBEN

Vorwort

Die Sache mit dem Leben ist ja schon mal eine Sache für sich. Wenn dann noch hinzukommt, dass das Leben auch zu Ende geht, ist das eine andere Sache – und die ist nicht ganz einfach. Aber wer denkt beim ersten Kuss schon an den letzten oder dass man nach der Abifeier plötzlich Krebs hat?

Paul, der jetzt die gleiche Frisur wie sein Opa hat, nämlich keine, denkt sehr intensiv über die Sache mit dem Leben nach und mit ihm viele andere kleine und große Menschen mit lebensbedrohlichen oder chronischen Krankheiten. Über ein Jahr lang haben uns Kinder und Jugendliche zwischen fünf und zwanzig, mit und ohne Haaren, mit vielen Schläuchen am Körper und umgeben von medizinischen Hightechmaschinen bei unseren Besuchen an ihrem Klinikbett ihre Sicht auf das Leben erzählt und dazu gezeichnet. Das war lebendig, humorvoll, kritisch, traurig, schräg, manchmal medikamentös-verwirrt, knallhart im Hier und Jetzt. Die Chance zu leben und jeden Augenblick zu nutzen war für sie genauso klar wie die Endlichkeit des Lebens. Was danach kommt, weiß niemand, das ist die spannendeste Sache – und auch dazu hatten sie fantastische Gedanken und Ideen.

Wenn man eine zeitlang gemeinsam in einer Art Parallelwelt lebt, ist es plötzlich egal, ob man fünf, zehn oder zwanzig ist, haben wir erstaunt festgestellt. Sie teilen ein Zimmer oder treffen sich zufällig im Spielzimmer, deshalb war es auch völlig selbstverständlich, dass die Geschichten in ihrer Unterschiedlichkeit nebeneinander stehen und Alissa eine Käswurscht für Lars Hartmut malt.

Wir verneigen uns vor euch kleinen und großen Philosophen, denn ihr seid tolle Lehrer in der Sache mit dem Leben und habt uns gezeigt, dass man sich mit allem, was dazugehört, ruhig mal gründlich beschäftigen kann. Mit euch haben wir die Lebenslust, die Lebenskraft, den Frust, die Trauer, den Zorn, das Glück und den Himmel rauf und runter erlebt!
Jetzt mal ehrlich: Wer kennt jemanden, der an Silvester eine Explosion in der Nase hatte und Blumen gerochen hat, obwohl es Winter war? Wir kennen jetzt einen, wir haben diesen Glücksmoment mit ihm gespürt – und das war LEBEN PUR! Das möchten wir mit allen teilen.

Margarethe Mehring-Fuchs und Kathrin Feldhaus

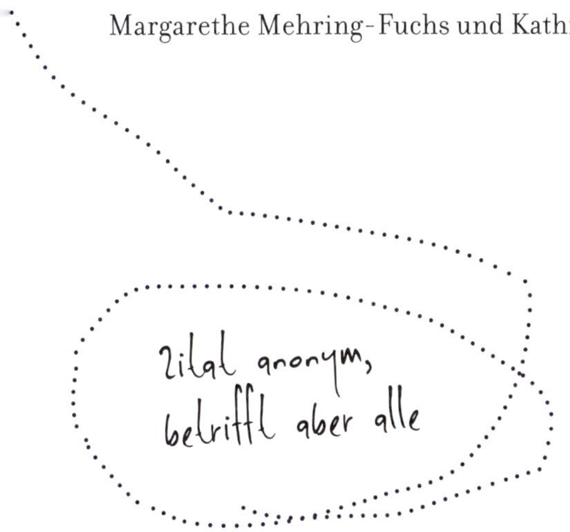

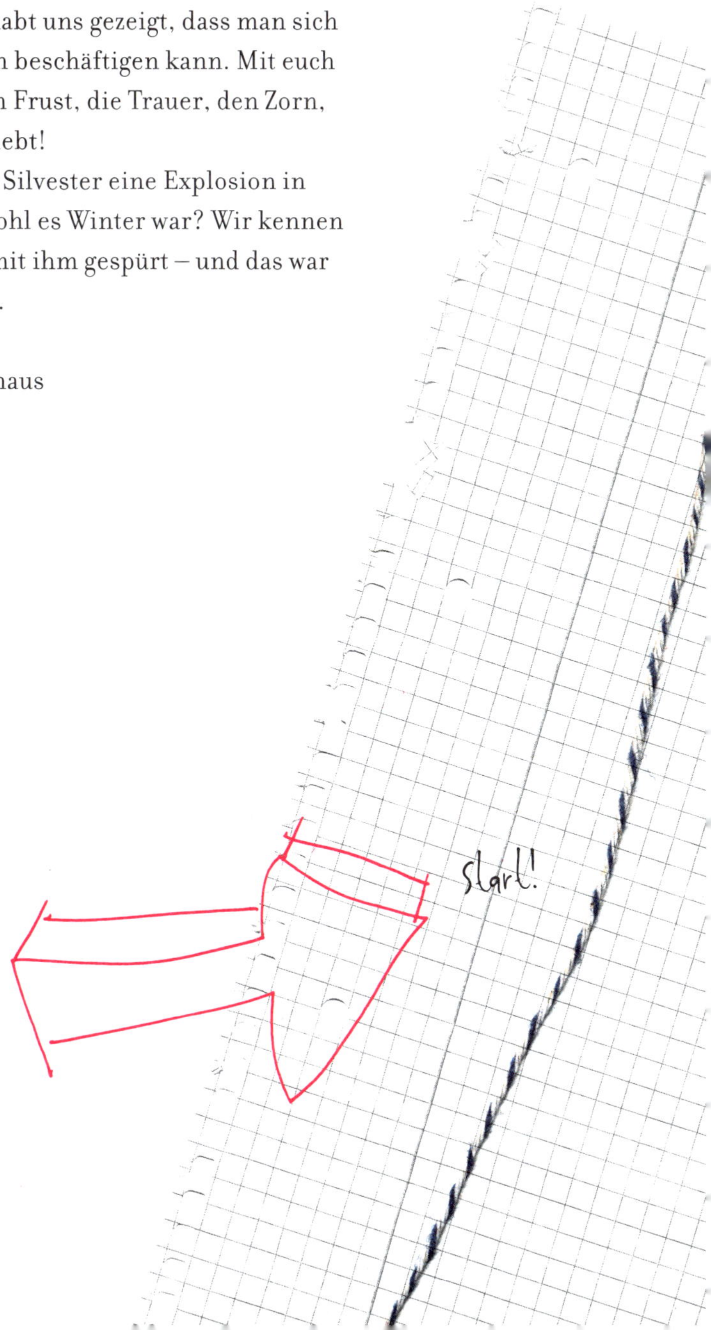

ICH HAB JETZT DIE GLEICHE FRISUR WIE MEIN VATER UND MEIN OPA

davon kriegt man Hunger

Mein Vater hatte etwas Haarausfall, das sah komisch aus, deshalb hat er sich eine Glatze rasiert. Mein Opa ist 83, da ist es normal, wenn man keine Haare mehr hat. Ich hab jetzt die gleiche Frisur wie mein Vater und mein Opa und mein Hund hat mich mit meinem Vater verwechselt. Er hat mir die ganze Zeit über meinen Kopf geleckt. Wenn ich in den Spiegel sehe, erkenne ich mich nicht wieder. Ich will so sein wie früher, aber ich entdecke an mir, dass ich einfach anders werde.

Ich habe die Diagnose vier Wochen vor Weihnachten bekommen, das heißt, ich habe vor und zu Weihnachten Geschenke gekriegt. Ab der Diagnose hatte ich einen finanziellen Vorteil, jetzt habe ich einen Überschuss und davon werde ich mir eine Friteuse kaufen. Ich habe Cortison bekommen, seitdem lese ich Kochbücher und sehe mir auf YouTube an, wie Jamie Olivier durch Amerika reist und Kochrezepte sammelt.

Mit meiner Familie war es nach der Diagnose wechselhaft. Mein Bruder und meine Schwester sehen einerseits die Vorteile und möchten auch Leukämie haben, damit sie nicht zur Schule müssen, andererseits möchten sie natürlich, dass ich gesund werde. Ich werde einfach bevorzugt. Wenn ich zum Beispiel sage, mir geht es nicht gut, muss ich nicht raus.

Die Krankheit hat natürlich auch Nachteile: Ich bin von der Chemo geschwächt, meine Stimmung ändert sich ständig, ich bin oft leicht gereizt und werde schneller aggressiv, meine Haare fallen aus. Im Großen und Ganzen geht es mir aber gut, außer, dass ich an Weihnachten und Silvester gespuckt habe. Ich habe jetzt keine Angst zu sterben, ich gehe immer von den Prozenten aus, die sind ja gut: 80% Heilungschancen.

Wenn ich hexen könnte, würde ich meine ganze Energie dafür verwenden, dass ich im Lotto gewinne, viele Süßigkeiten herbeizaubere und gesund werde. Es ist so unfair, dass Kinder diese Krankheit kriegen, sie können doch nichts dafür.

Manchmal wünsche ich mir, dass ich gläubig wäre. Ich frage mich öfter, ob die Legende mit dem Paradies stimmt, denn wenn man wüsste, was nach dem Tod kommt, wüsste man auch, ob es Gott gibt. Das halte ich aber nicht für möglich, wenn so viele Menschen sterben. Ich habe Filme gesehen, wo Kinder in Goldminen arbeiten müssen und wir schlagen uns den Ranzen voll, da kann es keinen Gott geben. Wenn es ihn gibt, hat er entweder seine Macht verloren oder er ist böse. Ich glaube an die Glücksfee, aber die macht im Moment Ferien.

Wieso kriegen das keine Amokläufer oder Gangster ???

PAUL //
11 JAHRE //

// AKUTE LYMPHATISCHE LEUKÄMIE (ALL) //

Lars Hartmut erklärt Leukämie sehr genau auf Seite 30. Ich habe nicht die ganz schlimme Form, das heißt dann ALL.

ICH GLAUBE AN DIE GLÜCKSFEE, ABER DIE MACHT IM MOMENT FERIEN.

GLÜCKSFEE IM URLAUB

Ich hatte bis jetzt immer Glück im Leben. Ich bin in Frankreich geboren, in Deutschland aufgewachsen, habe einen Hund, gehe aufs Gymnasium, habe Freunde, wir sind wohlhabend, also man kann sagen: Ich habe ein relativ gutes Leben.

Dann ist meine Glücksfee in Urlaub gegangen und prompt bin ich an Leukämie erkrankt. Als ich aus dem Nichts einen Schmerzanfall hatte und anschließend die Diagnose erfahren habe, fühlte ich mich sehr verloren und allein. Das gleiche Gefühl hatte ich auch einmal in der Grundschule, als ich aus Versehen einem Freund die Nase blutig geschlagen habe.

Die Glücksfee kam jedoch gerade noch rechtzeitig aus dem Urlaub zurück, denn ich habe nicht die ganz schlimme Form von Leukämie. → also ist es Glück

Ich frage mich, was mit den anderen Kindern passiert, bei denen die Glücksfee zum Beispiel auf Tournee ist und nicht rechtzeitig kommen kann, um sie zu retten? Ich hoffe, dass sie bei mir nicht mehr so schnell in Urlaub geht, damit ich keinen Rückfall bekomme.

ICH HÄTTE GERNE LIEBESKUMMER UND NORMALE LEBENSPROBLEME

Ich hatte sehr lange schöne Haare. Schöne Haare sind doch das Wichtigste für eine Frau, für mich ist das jedenfalls so, und der Haarausfall durch die Chemo war das Schlimmste für mich. Niemand darf mich ohne Haare sehen, außer meiner Familie. Ich habe sie gesammelt. Ich konnte meine nackte Kopfhaut nicht anfassen, das hat mir weh getan. Ich habe mich von meinen Freunden getrennt, weil ich diese Sensationsgier nicht ertrage – mir haben Unbekannte SMS geschickt, das hat mich sehr verletzt. Sie haben mich behandelt, als wenn es der Weltuntergang wäre. Am Anfang haben mich ganz viele Menschen besucht, nur um zu sehen, wie jemand aussieht, der Krebs hat.

Ich spüre den Tod immer in meiner Nähe. Ich weiß, dass meine Krankheit lebensbedrohlich ist, dass ich nicht mehr gesund werde. Ich denke, wenn man Kind ist, merkt man den Tod nicht so nah oder man sieht das nicht so tragisch. Wenn ich jetzt sterben würde, wäre es für mich nicht so erschreckend, denn ich glaube, ich kann im Tod Gott sehen. Gott ist die einzige Person, die ich nie gesehen habe und der ich trotzdem so nah bin. Gott hat die tausendfache Liebe einer Mutter. Wenn man gläubig ist, heißt es, Gott testet einen, deshalb ist das für mich eine logische Erklärung: Gott hat mich als Pechvogel ausgesucht, um den großen Test an mir zu machen. Ich versuche, nicht wütend zu sein, sondern es zu akzeptieren. Meine erste Hoffnung ist Gott, meine zweite die Medizin.

Im Himmel ist alles leicht, man wird damit belohnt, was man auf der Erde nicht hatte. Und alles ist gerecht, die Menschen haben keine zwei Gesichter. Auf der Erde ist alles so schwierig.

Ich bin innerhalb von kurzer Zeit sehr reif geworden. Meine Schwester ist schwanger und ich mache mich auch lustig über uns: Hey, wir kriegen jetzt beide einen dicken Bauch – bei dir wächst das Baby, bei mir der Tumor.

* MELTEM // 20 JAHRE // VERSTORBEN

Manchmal, wenn es mir sehr schlecht geht, wünsche ich mir, dass es zu Ende geht. Über Tod kann ich mit meiner Familie nicht reden, außer mit meiner Mutter. Dabei muss ich das doch realistisch sehen. Hier auf der Station steht ein Regal mit den Namen der Patienten. Manchmal fehlen welche. Ich überlege dann, was ist, wenn mein Name fehlt. Wie viele Menschen trauern um mich? Die Frage „warum ich?" habe ich hinter mir. Ich habe alles getan, gekämpft, ich mache weiter, egal wie es endet. Ich bin äußerlich zierlich, aber innerlich sehr stark. Und ich bin sehr zäh.
Glück soll man nicht suchen, man hat es: Einen linken Fuß und einen rechten, damit man stark stehen kann. Ich hätte gerne Liebeskummer und normale Lebensprobleme.

Ich habe noch nicht genug gelebt, ich will glücklich sein!

// KNOCHENTUMOR //

Ich hatte Rückenschmerzen und Schmerzen in den Muskeln. Die Ärzte meinten, es sei eine Muskelzerrung. Ich konnte in der 11. und 12. Rippe eine Beule tasten, aber der Chirurg sagte, es sei nichts Schlimmes und gab mir eine Salbe. So ging das drei Monate lang, ich war bei verschiedenen Ärzten, aber alle versicherten mir, dass es nichts Besorgniserregendes ist. Im Herbst 2010 wurde der Tumor festgestellt und dann fing auch gleich die Chemotherapie an, da war ich siebzehn. Nach einem Jahr war der Tumor weg. Im März 2012 hatte ich einen Rückfall, der Tumor ist gewachsen, bis zur Lunge und den Nieren. Ich habe sieben Chemoblöcke und eine Stammzellentherapie bekommen, zwei Rippen und ein Teil von meinem Zwerchfell wurden entnommen.

Meine Schwester ist schwanger! Wir kriegen jetzt beide einen dicken Bauch.

ICH HABE KEINE
ANGST, MICH
ERWARTET DIE
LIEBE VON TAU-
SEND MÜTTERN.

ICH MACHE, WAS ICH WILL!

Ich hatte Geburtstag, ich bin jetzt 20 Jahre alt. Meine Cousine hat einen Tisch in einem Cafe reserviert und wir haben um Mitternacht reingefeiert. Mein Tumor an den Nieren ist zurückgegangen. Ich hatte bisher insgesamt sechs Chemoblöcke und muss noch drei haben. Es freut mich, wenn ich merke, dass es was bringt.
Ich sehe meine Krankheit als Job. Andere Menschen gehen zur Arbeit, ich gehe jeden Tag in die Klinik und bekomme meine Chemotherapie oder Antibiotika. Manchmal gibt es Tage, da habe ich keine Lust mehr. Das kommt aber sehr selten vor. Ich will meine Gelegenheit im Leben nutzen und mich nicht ständig zu Hause verstecken. Ich muss mein Leben aber nach meinen Blutwerten arrangieren. Andere Frauen in meinem Alter überlegen sich, was sie anziehen – wenn ich mich mit meinen Freundinnen treffe, muss ich abwägen, ob das mit meinem momentanen Blutbild geht. Wenn ich gute Werte habe, gehe ich ins Kino, auf Konzerte oder zum Tanzen. Ich weiß mittlerweile, ab wie viel tausend ich rausgehen kann. Ich lasse es mir nicht anmerken, dass ich Krebs habe und sehe nicht deprimiert aus. Ich habe keine Lust mehr, ständig über meine Krankheit zu reden, denn wenn die Menschen merken, dass ich krank bin, verändern sie ihr Verhalten mir gegenüber. Jeder Mensch hat irgendein Problem, ich habe auch eins und das ist Krebs. Ich komme damit klar! Ich will den Tod nicht ständig hinter mir spüren, obwohl ich weiß, dass er da ist. Ich lebe mit meinem Krebs in Frieden. Im Moment ist es so, dass ich unbedingt leben will, und ich werde bis zu meinem letzten Atemzug machen, was ich will!

das nervt!

Benim korkum yok
Çünkü biliyorumki Allahın şefkati
binlerce Annenin şefkatinden daha fazla
ben yalnız ona güveniyorum

der im grünen Pulli
ist mein Papa

ICH LIEBE BAGGER UND FRÜH-STÜCKEN!

Auf der Station gibt es viele Geräte, die ständig piepsen und es kommt oft der Krankenwagen, der macht tatütata!
Wir haben hier viele Babys, die oft schreien. Das macht mich verrückt im Kopf und ich kann nicht schlafen. Dann frage ich den Doktor, ob er mir eine Spritze in den Popo gibt, damit ich schlafen kann. Aber wenn ich Schmerzen habe, schreie ich auch.
Ich mag nicht, wenn Menschen die Ärmel so lang gezogen haben. Das sieht nicht gut aus. Wenn man arbeitet, hat man die Ärmel zurück.

DOMINIK // 17 JAHRE // LEUKÄMIE, GEISTIGE BEHINDERUNG // VERSTORBEN

WENN MAN INS WELTALL FLIEGT, MÜSSTE MAN DIE LEUTE IM HIMMEL SEHEN

Ich kann mich noch genau an den ersten Tag im Krankenhaus erinnern: Es war alles dunkel, da stand ein Sessel auf dem Flur und ich wusste nicht, warum ich da war. Damals fand ich es blöd, dass sie mir nichts erklären. Einmal bin ich sogar abgehauen. Jetzt kenne ich alles, aber manchmal erinnere ich mich noch an diesen Tag und erschrecke mich dann. Es kam mir alles ganz anders vor, als ich es jetzt sehe: Jetzt freue ich mich sogar auf's Krankenhaus. Nicht auf die Chemo, aber auf die Leute hier. Blöd finde ich, dass immer alle vor mir fertig sind und ich mir immer neue Freunde suchen muss.
Die Ärzte haben mir nicht gesagt, dass ich sterben könnte, obwohl sie keine Hoffnung mehr hatten. Das macht mich wütend, denn sonst hätte ich mich mehr angestrengt zu essen. Sie sagten immer, ich soll mich erholen statt ich soll kämpfen. Wenn ich in dem Moment gewusst hätte, dass ich sterben könnte, hätte ich gekämpft! Ich kämpfe, aber ich würde viel lieber zur Schule gehen und meine Freunde sehen. Ich habe Angst, dass ich sie verliere.

Sehr blöd ist auch, dass ich seit zwei Jahren nicht mehr tanzen, schwimmen, Ski fahren und reiten kann. Ich war früher sehr sportlich und nur draußen. Ich bin ein „Draußen-Kind“ und nur zum Schlafen nach Hause gekommen. Ich bin wütend, weil ich das jetzt nicht mehr machen kann. Ich bin auch oft wütend auf andere, wie zum Beispiel auf meine Schwester, die Ski fahren geht und draußen ist. Meine Eltern verheimlichen mir das, damit ich nicht traurig bin, aber ich kriege es immer raus.
Ich verstehe nicht, warum ausgerechnet ich die Krankheit bekommen habe. Ich hatte so Spaß am Leben. Manchmal denke ich, ich werde bestraft, aber ich weiß nicht, warum. Es MUSS einen Grund haben. Mama denkt, wenn man nicht über seine Ängste redet, haken sie sich im Körper ein und dann kann man krank werden. Daran glaube ich auch ein bisschen. Zum Beispiel habe ich meine Ballettprüfung nicht geschafft. Sie haben mich rausgeschmissen, obwohl ich die Beste war, weil ich meine Hüfte nicht so weit dehnen konnte. Ich habe nie gezeigt, wie traurig ich bin, dabei verstehe ich nicht, was mit meiner Hüfte nicht stimmt. Das hat mich wütend gemacht. Ich bin sehr ehrgeizig, wollte immer alles perfekt machen – ich habe hart daran gearbeitet.

Warum ausgerechnet ich?

Mir hilft nichts richtig. Außer, wenn ich mit meiner Mama kuscheln und weinen kann. Mein Papa sagt, es hilft nichts, sich darüber aufzuregen, weil man nichts daran ändern kann, aber manchmal muss man sich einfach aufregen. Manchmal bin ich so wütend auf andere, die machen können, was ich nicht machen kann. Ich wünsche mir dann, dass meine Freundin die Krankheit hätte. Ich weiß, dass das fies ist, aber Hauptsache nicht ich! Das ist ein Doppelschock: In der Woche, in der ich gesund war, hätte ich alles machen können. Da war ich sauer auf mich selbst, dass ich das nicht gemacht habe. Mama hat mir Bänder von den Buddhisten gegeben, die mir Glück bringen sollen. Zwei an jeder Hand, da hätte vielleicht auch eins gereicht. Sie will immer, dass ich Sätze sage wie „ich bin gesund“. Das finde ich übertrieben. Religiös bin ich nicht, aber seit der Krankheit denke ich, dass es schon jemanden gibt. Vielleicht heißt er nicht Gott – es kann ja auch mein Opa sein, der im Himmel auf mich aufpasst. Manche Sehnsuchtswünsche habe ich an den Himmel geschickt, an jemanden, der aufpasst. Manchmal sage ich Gott zu ihm, weil mir nichts anderes einfällt. Dreiviertel der Wünsche sind nicht in Erfüllung gegangen. Darüber war ich sauer und jetzt denke ich, dass ich vielleicht deshalb krank geworden bin.

Ich hoffe, dass man wiedergeboren wird, denke aber, dass mein Opa im Himmel bleibt. Nach dem Himmel kommt das Weltall. Wenn man ins Weltall fliegt, müsste man also eigentlich die Leute im Himmel sehen. Das wäre schön, wenn man nach dem Tod seine Familie sehen würde, so wie es manche Leute erzählen. Wenn man stirbt, sieht man einen Lichtstrahl, der verblasst. Und am Ende stehen diejenigen aus der Familie, die schon gestorben sind und winken einem zu und heißen einen willkommen im neuen Leben. Aber am Schönsten fände ich es, wenn man wiedergeboren wird. Als Mensch oder Tier. Ich möchte am liebsten als Mensch wiedergeboren werden. Ich weiß noch nicht, ob ich dann wieder Ballett tanzen würde, aber es ist ja auch ganz schön, mal was anderes zu machen. Schwimmweltmeisterin oder Skifahrerin zum Beispiel. Und ich möchte ganz lange Haare haben wie früher. Wenn ich nur die Wahl zum Tier hätte, dann als Pferd oder als Bär. Oder als fliegendes Tier. Ich habe mir schon immer vorgestellt, wie es wäre, wenn ich fliegen könnte. Oder doch lieber ein Tier, das nicht bedroht und erschossen wird, denn dann ist man ja auch wieder tot. Ein Fantasietier möchte ich aber auch nicht sein, denn dann kommen die Paparazzi und man kommt in den Zoo, das will ich nicht.

Ich glaube nicht, dass ich jung sterbe, sondern erst als Oma oder Ur-Ur-Ur-Oma. Ich habe keine Angst, dass ich an dieser Krankheit sterbe.

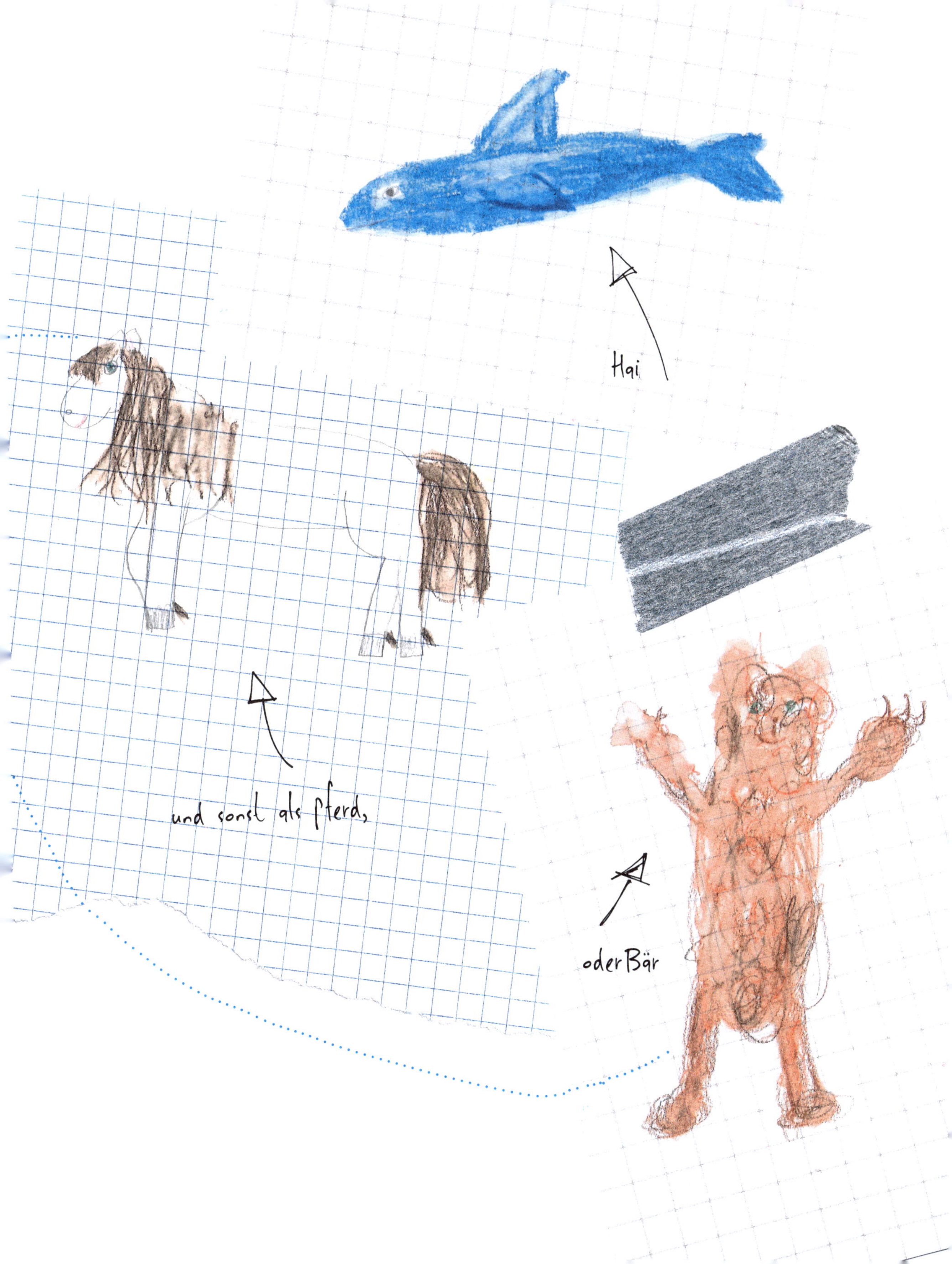
Hai
und sonst als pferd,
oder Bär

MEIN FREUND LUPUS

Ich wollte immer Stewardess werden. Das geht aber nicht mit einer lebenslangen Gelenkkrankheit, deshalb mache ich jetzt eine Ausbildung zur Kauffrau für Bürokommunikation und versuche, so selten wie möglich krank zu sein. Ich würde mir sogar Urlaub nehmen, um in die Klinik zu gehen – ich habe Angst vor den Konsequenzen, wenn ich zu oft fehle. Ich denke bei der Arbeit fast nie an die Krankheit, außer, wenn ich Termine habe und Angst vor einem Schub, oder wenn ich Schmerzen habe.
Der damalige afghanische Oberarzt hat mir meine Krankheit so erklärt: „Du hast einen Freund oder einen Feind, der dich dein Leben lang begleiten wird. Er heißt Lupus. Lupus ist der Wolf. Wenn du alles beachtest, ist er dein Freund. Lupus kommt aus Lateinien, genauso wie du aus dem Kosovo kommst.“ Er hat mich immer gefragt: „War er heute nett zu dir?“ – „Ja.“ – „Und warum?“ – „Weil ich meine Tabletten genommen und alles richtig gemacht habe.“ Ich spreche auch mit Lupus: „Warum tust du mir jetzt weh? Ich war doch nur kurz in der Sonne.“ Jedes Kind hat einen virtuellen Freund, bei mir war er real. Er ist immer bei mir. Ich muss ihn pflegen wie einen Freund, dann geht es eigentlich. Der afghanische Oberarzt ist ein wichtiger Mensch für mich – er ist ein übelst guter Arzt. Das mit dem Lupus werde ich nie vergessen.

Vielleicht würde ich sonst auch anders über meine Krankheit denken …

GJENIFER //
17 JAHRE //

// SYSTEMISCHER LUPUS ERYTHEMATODES //

Ich hatte viele blaue Flecken und ein Nachbar dachte, meine Eltern schlagen mich. Plötzlich saß ich wochenlang im Rollstuhl und konnte mich nicht mehr bewegen. Bei einem Rheuma-Schub habe ich Schmerzen in den Armen, Händen und Beinen. Es ist eine lebenslange Krankheit. Ich kann nicht regelmäßig Sport machen und darf nicht in die Sonne. Ohne Tabletten könnte ich mich gar nicht mehr bewegen.

ICH VERSUCHE, SO SELTEN WIE MÖGLICH KRANK ZU SEIN.

abgekürzt Lupus, chronische Rheumaerkrankung

Lupus,
gemalt von Faye
für Gjenifer

MITIS-FORSCHER

Jetzt wollen sie mich von Kopf bis Fuß noch mal absuchen. Wenn man nichts findet, ist es gut, sonst weiß ich auch nicht. Manchmal habe ich Angst, denn immer, wenn ich nachfrage, sagen die Ärzte, sie wissen noch nicht, ob es lebensgefährlich ist, weil es etwas ganz Seltenes ist.

Ich vermisse es sehr, mit meinen zwei Schwestern, den Cousinen und Cousins, die alle in der Nachbarschaft wohnen, jeden Tag zu spielen, vor allem draußen auf einer riesengroßen Wiese. Mein Lieblingsspiel ist „Sieben Geißlein“ und das geht so: Einer ist der Wolf, der versteckt Gegenstände wie zum Beispiel Crocketkugeln oder Hüpfseile in den Beigen und versteckt sich. Die anderen sind die Geißlein, sie müssen die Gegenstände suchen und in den Schopf tragen und dabei aufpassen, dass der Wolf sie nicht fängt. Im Schopf ist man sicher. Wen der Wolf fängt, der wird auch zum Wolf. Wenn alle Wolf sind, hat er gewonnen, wenn alle Gegenstände im Haus sind, die Geißlein.

Holzstapeln

Schuppen

Wir erfinden dauernd neue Spiele. Ich habe auch Neurodermitis und durfte mal etwas nicht essen, weil da zu viel Citrus drin war, da haben wir uns ausgedacht, dass wir Mitis-Forscher sind. Meine Cousine Leonie hatte Puppimitis, weil sie immer mit ihrer Puppe geredet hat, meine Cousine Annika hatte Haarimitis, weil sie immer mit ihren Haaren gespielt hat, meine Schwester Franziska hatte Heulomitis, Tabea, die jüngste, hatte Eiermatschmitis und bei-Mama-bleib-mitis. Mein Cousin Manuel hatte Handymitis, ich Brillimitis und Faselmitis, weil ich ständig neue Krankheiten erfunden habe. Wir haben uns auch ausgedacht, wie man das heilen kann: Man muss drei Liegestütze oder Kniebeugen machen. Oder, wenn man keine Erdbeeren mag, MUSS man welche essen und wird davon geheilt.

Meine Tante ist Ärztin. Sie hat aus Spaß mal mit den Kabeln gespielt, die an mir dran sind. Dann hat das Gerät verrückt gespielt und gepiept und meine Tante hat gesagt, hoffentlich merken die Schwestern nichts und ich solle mal die Luft anhalten. Da war dann nur noch eine Linie.

Das war lustig.

* ANDREA // 12 JAHRE //

Von uns Mitis-Forschern entdeckte seltene Krankheiten:

PUPPIMITIS, HAARIMITIS HEULOMITIS, EIERMATSCHMITIS BEI-MAMA-BLEIB-MITIS HANDYMITIS, BRILLIMITIS FASELMITIS

// ALVEOLÄRES WEICHTEILSARKOM //

Das ist eine seltene Krankheit, die hier in der Klinik erst drei Kinder vor mir hatten. Ich habe einen Hubbel am Rücken gefunden und musste nach dem Ultraschall noch in die Röhre. Man dachte erst, es sei ein Blutschwämmle, aber es war ein Tumor.

UNENDLICH LEBEN WÄRE AUCH NICHTS FÜR MICH

12 Wochen auf Station

Ich war nie krank und hatte immer ein sehr gutes Immunsystem. Ich bin Schwimmer, fahre viel Fahrrad und gehe gerne Wandern. Deshalb war es komisch, die Diagnose zu erfahren. Bevor ich meine Fremdzellen kriege, bekomme ich Chemo. Man sagt, das sei schlimm. Es hört sich hart an. Ich liege nun seit drei Monaten auf Station. Am Anfang habe ich viel geweint. Weg von der Familie, weg von meinen Freunden – ich habe mich sehr alleine gefühlt. Ich kann meine Leute nur per Webcam sehen und mit ihnen reden. Zu Hause sieht man die Eltern jeden Tag, man sieht das Gesicht, das ist sehr vertraut. Hier sehe ich sie nur im Kittel und mit Mundschutz – ich komme mir vor, als ob ich Tollwut hätte. Ich bin aber nicht wütend über meine Situation, weil ich Vertrauen in die Menschen hier habe. Dafür bin ich sehr dankbar.
Ich habe ein kleines Kreuz in meinem Geldbeutel, das lege ich abends auf mein Herz und bete. Im Krankenhaus findet man mehr Bezug zu Gott. Draußen habe ich zwar auch ab und zu an Gott gedacht, aber hier mehr. Mein Vater hat das Kreuz gekauft und es zuerst als Kette selbst getragen, dann hat er es mir geschenkt und gesagt: „Da steckt meine Kraft und Gotteskraft drin." Gott hilft mir auf jeden Fall! Ich stelle ihn mir so vor, wie er ab und zu im Fernsehen gezeigt wird. Mit Sandalen, einem weißen Kittel und langen braunen Haaren. Er ist 35 Jahre alt. Er ist auf jeden Fall COOL! Ich spreche mit ihm, rede mir was von der Seele. Das ist immer gut, ob die Person jetzt real ist oder nicht.
Angst vor dem Sterben habe ich nicht, weil ich weiß, dass ich gesund werde. Unendlich leben wäre aber auch nichts für mich! Ein Mensch kann 50, 60, 90 Jahre leben, aber es gibt eine Grenze, wo man sagt: Jetzt reicht es! Und das ist richtig so.

FABIAN //
15 JAHRE //

definitiv Scheiße!

14 Wochen auf Station

Meine Zellen werden jetzt ausgeschwemmt, aber ich habe ja nicht mehr viele. Ich kriege ein Medikament, damit alle Zellen gehen. Ein normaler Körper hat vier- bis fünftausend Leukos. Ich habe 230, das heißt, ich würde keinen Keim packen. Auf der KMT ist es keimfrei, da passiert mir wahrscheinlich nichts, aber auf einer normalen Station würde ich sofort Fieber bekommen. Meine Zellen werden Tag und Nacht rausgeschwemmt, bis ich keine mehr habe. Irgendwie ist das komisch. Wenn ich zellenfrei bin, wird die Sicherheitsstufe noch höher: Keiner darf an meinem Bett ohne Mundschutz und Kittel sitzen. Ab zellenfrei erhalte ich Chemo, anschließend die Knochenmarktransplantation von einem Unbekannten aus Mannheim. Er ist mein Lebensretter. Ich kann ihn nach zwei Jahren kennenlernen, das will ich unbedingt. Ohne ihn würde ich nicht lange leben. Ich finde es gut, dass einen die Ärzte mit ihren Aussagen nicht schonen. Ich weiß, was mit der Chemo auf mich zukommt, ich habe Respekt davor, aber ich freue mich darauf, dass es jetzt endlich losgeht! Ich liege jetzt insgesamt 14 Wochen hier, das ist definitiv SCHEISSE!! Ich vermisse ein Lächeln und ein Guten Morgen von meiner Mutter oder ein tolles Essen von ihr.

Zuhause fand ich Mutterliebe ziemlich nervig, hier vermisse ich sie.

Drei Tage Psycho

Ich bin jetzt seit zweieinhalb Monaten nur in diesem Zimmer. Die Zellen von meinem Spender habe ich abgestoßen, mein Körper hat gemerkt, sie sind fremd und hat nein gesagt. Anschließend war ich drei Tage am Ende und habe nur geweint. Ich bin schon so lange hier, wieso kann ich nicht belohnt werden, wieso bekomme ich immer schlechte Nachrichten, wieso werde ich bestraft? Ich fühle mich wie im Käfig. Alles ist zu. Die Luft wird einem zugepustet, ich kann kein Fenster öffnen. Ich liege im Bett und ab und zu geht die Tür auf.

Auf der einen Seite ist es gut, dass ich die Krankheit im jungen Alter habe. Wenn ich zum Beispiel 40 Jahre alt wäre, würde ich es wahrscheinlich nicht überleben. Ich habe jetzt die Stammzellen von meiner Mutter bekommen. Für mich ist es ein Unterschied, ob ich anonyme Stammzellen bekomme oder die von meiner Mutter. Sie hat zweimal gespendet, das erste Mal 3,7 Millionen pro kg, das zweite Mal 8 Millionen pro kg.

GLÜCK IST FÜR MICH, EINE BERUFUNG ZU HABEN, UND DAS IST BEI MIR RESTAURANTFACHMANN. ICH MAG ES, LEUTE ZU BEDIENEN UND IHNEN EIN SCHÖNES ESSEN ZU BRINGEN, SIE FREUEN SICH DANN IMMER SO.

Das finde ich super!

Das war für sie sehr anstrengend. Sie hat eine Spritze erhalten, damit die Leukos steigen. Die Spritze hatte einen Wert von einem Kleinwagen. Meine Mutter war hinterher ziemlich schlapp, aber sie meinte, es sei nicht so anstrengend wie bei meiner Geburt gewesen. Die Ärzte meinten, ich würde die zweite KMT schaffen.
Ich war mit meiner mentalen Kraft total am Ende. Ich will einfach nur nach Hause. Ich will mal wieder zum Chinesen oder eine Bratwurst essen. Es kommen ganz abstruse Gedanken wie: Es ist dein Tag Hundert, Burger King macht Bankrott und du hast keinen Burger mehr gegessen …
Im Moment habe ich das Gefühl, dass sich die Welt von mir abschottet. Ich verliere den Kontakt zur Außenwelt. Wenn die Sonne scheint, spüre ich es nicht, ich muss fragen: Ist es draußen warm oder kalt? Ich warte, dass jemand von außen kommt und mir Infos bringt. Auch Körperkontakt vermisse ich. Wenn es kritisch ist, darf man mich nicht anfassen. Ich weiß, dass meine Eltern mich lieben, aber ich vermisse die Nähe. Ich bin ja nicht für die Menschen ansteckend, sondern sie für mich.
An Silvester durfte ich kurz an die frische Luft. Ich sollte den Mundschutz nicht abnehmen, aber ich musste es einfach tun! An dem Tag hatte es geregnet. Ich habe den Regen gerochen, das war eine Explosion in meiner Nase. Der Regen roch frisch und gut. Selbst Blumen habe ich gerochen, obwohl es Winter war.

Kampf!!!

Die Stammzellen meiner Mutter haben angeschlagen. Ich habe jetzt 10.000 Leukos, das ist sehr erleichternd. Im Moment kämpft mein Körper. Ich habe eine Blasenentzündung und ständig hohes Fieber – immer so um die 39.6, 39.8 oder höher. Meine Schleimhäute im Mund erneuern sich, das fühlt sich an wie ein Gummiband. Ich kann nichts essen, es tut weh und außerdem habe ich das Gefühl, ich kaue auf Gummi. Trinken muss ich! Bin gespannt, wann mal alles wieder im Einklang ist, d. h. Thrombos, Leukos, Medikamente, Essen, Trinken. Das muss ins Verhältnis kommen. Im Moment geht es mir noch beschissen.

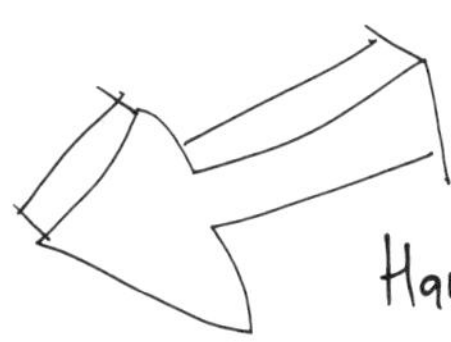

Hammer!

Seit 8 Tagen zu Hause

Ich habe mich zuerst in mein großes Bett gelegt und es sehr genossen.
Dann bin ich in die Badewanne und habe mich total entspannt.

IM HIMMEL GIBT ES ZWEI ABTEILUNGEN

Ich glaube, es gibt keine Hölle, Gott gibt jedem eine zweite Chance. Im Himmel gibt es aber zwei Abteilungen: In der ersten Abteilung sind die Menschen, die immer gearbeitet haben und nie was mit der Polizei zu tun hatten. Die sind in Rente. Sie sitzen in ihrem Kräutergärtle im Sonnenstuhl und genießen das Leben mit einem Cocktail. In der zweiten Abteilung sind die Kriminellen, wie erwachsene Männer, die Frauen vergewaltigt haben, Diebe, die wegen Drogen gewalttätig waren oder eine Bank überfallen haben. Die müssen schwere Aufgaben erledigen. Wenn zum Beispiel einer durch einen Raub 20.000 Euro erwirtschaftet hat, muss er das solange mit Aufgaben abarbeiten, bis das erledigt ist. Ich glaube, Gott wäre bei schwerem Raub nicht so cool und würde sagen: „Mäh mal den Rasen." Er müsste dann schon acht bis neun Stunden im Kohlekraftwerk arbeiten. Die Kriminellen müssen auch neue Häuser für die Nachkömmlinge aufbauen. Ziel von Gott ist, dass durch die schwere Arbeit was erreicht wird, also dass sich die Menschen verändern, dass sie Spaß an der Arbeit haben. Wenn sie die Arbeiten gut erledigen, kommen sie in Abteilung eins. Gott sorgt in seinem Territorium dafür, dass kein Hass entsteht, er kennt nur die Liebe, deshalb hat er mehr mit der Abteilung zwei zu tun. Wenn jemand wieder in seine alte Rolle zurückfällt, zum Beispiel eine Null-Bock-Einstellung, geht Gott mit ihm eine lange Runde und spricht mit ihm. Er erklärt ihm, dass man mit Liebe und Freundschaft weiter kommt. Er geht mit ihm in die Abteilung eins und sagt: „Es ist deine Entscheidung, Abteilung eins oder Abteilung zwei für IMMER."

*

// APLASTISCHE ANÄMIE //

Mein Knochenmark bildet keine Abwehrzellen. Angefangen hat es damit, dass ich Schmerzen in den Sprunggelenken hatte, Wasser in den Knien und die Leberwerte zu hoch waren. Ich wurde immer gelber auf der Haut. Nach einer Knochenmarkpunktion wurde festgestellt, dass ich keine Zellen mehr habe, deshalb bekomme ich eine Knochenmarktransplantation.

RAUMSCHIFF KNOCHENMARK-TRANSFER

Ist doch unglaublich, was einem alles einfällt, wenn man viel Zeit hat ...

Ich wünsche mir die KMT-Station als „Raumschiff Knochenmarktransfer“, das klingt besser als Knochmarktransplantation. Mein Zimmer auf der Raumschiffstation ist die Kommandozentrale und ich bin der Chef. Ich bestimme, wann die Schläuche gewechselt werden, auf jeden Fall nicht um sechs Uhr morgens. Der Pfleger Luca ist der Clown, er verbreitet nur gute Laune, das ist seine Aufgabe. Die Krankenschwestern haben enge, rot weiß gestreifte Röcke bis zu den Knien an, wie in den 50er-Jahren, einen neonfarbenen Mundschutz, auf dem der Name aufblinkt und sie fahren auf Rollschuhen von Zimmer zu Zimmer. Ich wünsche mir, dass die Ärzte statt zu laufen, einfach ins Zimmer reinschweben. Das könnten sie sehr gut, da sie Schuhe mit Druckluft anhaben. Sie haben natürlich hoch entwickeltes Equipment, wie zum Beispiel ein Vergrößerungsglas mit Röntgenstrahlen und können direkt in meinen Körper schauen, auch direkt in die Lunge, ein- und ausatmen wäre unnötig. Professor Lang ist ein 25-jähriger Muskelprotz und heißt Dr. Muscel. Er hat einen „Magic Hammer“ als Colt in seinem Kittel. Er tippt die Diagnose ein, dann schießen die Infusionen raus. Wenn er aus dem Zimmer schwebt, verbreitet er einen vierfarbigen Nebel. Jeden Abend gibt es Disco Night. Die Kinder kommen zu mir in die Kommandozentrale und bestimmen die Themenabende, zum Beispiel Western Night oder 80er-Jahre-Beat. Alle auf der Raumschiffstation feiern bis zwei Uhr morgens. Wenn einer schlappt macht, kommt Dr. Muscel sofort mit seinem Colt und schießt die Infusionen.

Das wäre doch richtig COOL, oder?

PAPA IST MEIN HELD!

Krupp-Anfall

Kusler-pfeil

Meine Mama hat vor langer Zeit gemerkt, dass bei mir was nicht stimmt. Es ist Jahre her oder mindestens einen Monat, auf jeden Fall lang.
Ich habe nachts einen Wutanfall bekommen. Mama ist mit mir zu Frau Dr. Kuhglockpfeil gegangen, die hat mir Blut abgenommen und auch gesagt, da stimmt was nicht und hat mich ins Krankenhaus geschickt. Da hat man dann gesehen, dass meine Milz und Leber vergrößert sind. Ich habe Leukämie. Es sind ein paar böse Zellen in mein Blut gekommen und die machen gerade mein Blut kaputt. Ich habe von meinem Papa jetzt gute Zellen bekommen. Er wurde eingeschläfert und anschließend wurde ihm in die Hände und den Arm gestochen. Sie haben ihm die guten Zellen rausgezogen, dafür war er zwei Tage im Krankenhaus. Dann haben sie die guten Zellen von Papa in eine Flasche gemacht, mit Blut vermischt und mit einem Schlauch in meinen Körper getröpfelt. Deswegen ist mein Papa ein Held.
Ich habe Heimweh nach meinem Bruder und auch nach meiner Freundin Shawnee. Die ist älter als ich und schon neun Jahre alt.
Gerade bete ich nicht zum lieben Gott, dass ich gesund werde, weil ich immer so schlapp bin. Ich habe am Nachttisch einen Schutzengel, der passt auf mich auf. Wenn ich ihn anschaue, hilft er mir. Im Moment schaue ich ihn aber nicht so oft an, nur mal zwischendurch.
Mein größter Wunsch ist, mit Philipp Lahm ins große Stadion zu gehen – ich bin nämlich Bayernfan! Wenn ein Bayernspiel kommt, dann muss ich das sehen.

Ich habe zwei Namen: Lars Hartmut. Meine Eltern haben noch einen anderen Namen, aber den weiß ich nicht.

Wenn mein Katheder draußen ist, gehe ich vier Wochen nach Sylt. Das dauert aber noch ganz lange, weil meine Krankheit ja nicht so schnell vorbeigeht. Zumindest darf ich in sieben Wochen wieder rohe Wurscht essen, zum Beispiel Mettwurscht oder Salami. Das esse ich am liebsten. Mein Opa war Schlachter. Ich habe zwei Opas: Opa 1 wohnt in Brackenheim, Opa 2 in der Pfalz. Der hat Fische, die kann er schlachten. Meine Mama schafft in einer Metzgerei. Sie schlachtet nicht, aber sie weiß, was eine Käswurscht ist.

// LEUKÄMIE //

Es sind ein paar böse Zellen in mein Blut gekommen und die machen gerade mein Blut kaputt.

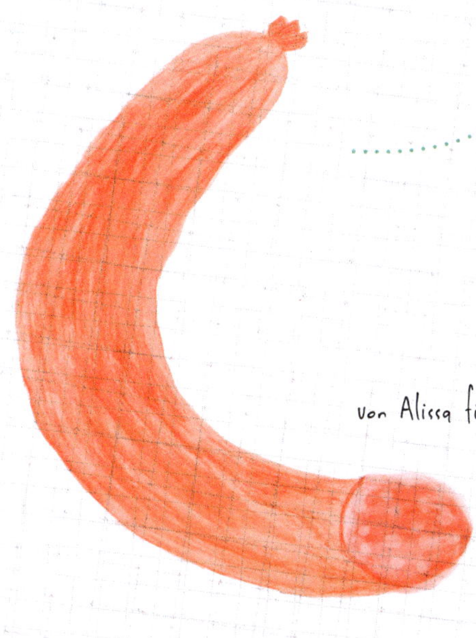

von Alissa für Lars

ICH MÖCHTE GERN ASOCATANA VON STAR WARS SEIN

Die hat nämlich zwei Laserschwerte und macht die Würmer kaputt, das sind die Bösen. Ich würde mit dem Laserschwert auf der KMT ein Loch in den Boden brennen und einfach abhauen, was denn sonst. Ich würde nach Hause abhauen.

Da gibt es auch noch einen Planet der Wölfe und einen mit Flaschengeistern. Druiden haben Kanonen mit Löchern und schießen auf die Guten. Sie greifen das Raumschiff von Asocatana an und ein Teil vom Raumschiff fliegt ab. Die Guten gewinnen aber immer gegen die Bösen. Asocatana wohnt natürlich auf dem guten Planeten.

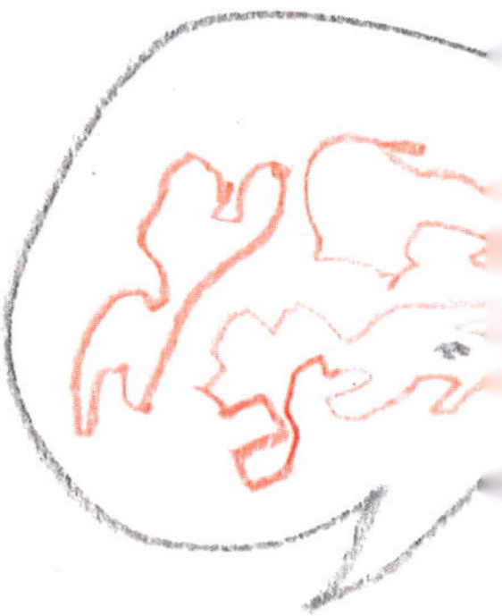

Das ist eine alte Schatzkarte,
deshalb muss man sie einschneiden.

DER GRÖSSTE SCHATZ LIEGT BEI MIR ZU HAUSE

Ich kenne eine Menge Piraten. Mein Lieblingsarzt ist Dr. Full aus Heilbronn, er ist ein guter Pirat, er ist Capt'n Sharky, denn wenn er mir Blut abgenommen hat, ist auch immer Blut gekommen. Ich wäre gerne der erste Offizier, der gehört zum Kapitän und fährt die Segel aus. Meine Schatzkarte funktioniert so: Da ist einfach ein Schatz und irgendwo ist ein Haus. Man muss mit dem Schiff über den Fluss. Der Anfang ist in Brackenheim-Neipperg. Man fährt mit dem Auto zum ersten Flughafen, von da mit dem Flugzeug zum zweiten Flughafen, dann mit dem Boot, dann steigt man aus, dann muss man laufen, dann über den Fluss – entweder durchschwimmen oder mit dem Schiff –, dann zum Flughafen, dann steigt man wieder aus. Weil das früher bei den Piraten auch mit Schiffen war, ist doch alles ein Fluss und man fährt nur mit dem Schiff bis zur Insel, wo der Schatz liegt. Man ist zwei Wochen unterwegs. Im Fluss passiert nichts, da kann eh niemand sein. 25 Piraten sind auf dem Schiff, nur Männer. Die haben keine Namen, denn wenn es eine echte Fantasiegeschichte ist, hat man keine Namen. Man kann sich nicht verfahren, dafür gibt es ja die Schatzkarte. Die Piraten müssen den Weg gehen, den ich nachspure. Der größte Schatz liegt bei mir zu Hause. Das ist Gold. Der liegt auf dem Dachboden und den findet keiner.

da war ich etwas durcheinander

MEINE ZÖPFE LIEGEN JETZT IN EINER SCHÖNEN SCHACHTEL

Vor der Chemo:

Bei der ersten Knochenmarkpunktion sind gefühlte zwanzig Krankenschwestern reingekommen, die mich mit Leukämie zugetextet haben: „Die Haare wachsen nach." – „Bist du aufgeregt?" – „Hier laufen alle mit Glatzen rum." Ein totales Durcheinander. Ich war so durch den Wind und wollte das nicht hören, wollte mir nur Augen und Ohren zuhalten. Den Satz „Alles wird gut, die Haare …" habe ich bestimmt fünfzigmal gehört. Ich weiß ja, dass sie wieder nachwachsen und in drei Jahren wieder lang sind, aber das interessiert mich nicht, denn ich will sie jetzt behalten! Ich hatte lange schwarze Haare bis zum Po, das war mein Markenzeichen! Ich wollte nicht warten, bis ich mir durch die Chemo die Haarbüschel selbst rausziehe, deshalb habe ich beschlossen, was Krasses zu machen, das ich sonst nie im Leben machen würde: meine Haare radikal abzurasieren. Die Friseurin hat mir Zöpfe geflochten, bis drei gezählt, abgeschnitten, dann eine Hälfte vom Kopf glatt rasiert und die andere Hälfte kurz geschnitten. Die Zöpfe liegen jetzt in einer schönen Schachtel.

Mein Leben hat sich mit einem Schlag komplett verändert, alles hat sich in Luft aufgelöst, innerhalb von Sekunden ist die Luftblase zerplatzt. Sachen, die vorher selbstverständlich waren, wie zur Schule oder mit Freundinnen ins Kino gehen, waren plötzlich verboten. Es gab auch das Risiko, dass ich durch die Chemo keine Kinder kriegen könnte. An so etwas denkt man ja mit sechzehn normalerweise nicht. Während andere Mädels Party machen, musste ich mir überlegen, ob ich mir Eizellen rausnehmen und einfrieren lasse, um sie mir später bei einem Kinderwunsch wieder einpflanzen lassen zu können.

Ich habe Glück im Unglück, es ist wie ein Sechser im Lotto: Ich bekomme die Stammzellen von meinem Bruder. Er hat gemeint, er wird mich 1000%ig

unterstützen, er ist immer für mich da. Ich bin total stolz auf meinen Bruder. Er ist der Aufmunterer in unserer Familie, er nervt mich, damit ich anfange zu lachen. Wenn ich traurig bin, lege ich mich mit meinem Kuscheltier ins Bett und weine. Ich will aber nicht soviel über die Krankheit nachdenken, da werde ich ja noch kränker. Ich warte einfach, bis es mir wieder besser geht, genieße, was ich genießen kann, lenke mich ab, male oder mache mit meiner Mutter Gesellschaftsspiele. Es gibt auch Jüngere, die krank sind und wenn die das schaffen, schaffe ich es auch. Ich versuche einfach, Spaß im Leben zu haben. Besser Spaß als rumliegen und heulen und denken, ich armes Kind.

Ich warte auf die Zeit, in der ich in mein altes Leben zurück kann. Mein größter Wunsch ist morgens früh um sieben Uhr aufzustehen, in die Schule zu gehen und zwei Stunden Matheunterricht zu haben. Das ist doch komisch, dass ich mich jetzt nach Dingen sehne, die ich vorher Scheiße fand. Meine Freundinnen verstehen das nicht. Ich nehme es ihnen nicht übel, wenn sie jammern, denn ich war ja vorher genauso: Wie sehe ich aus? Wie sitzt die Hose? Wie wirke ich auf Jungs? Jetzt denke ich: Seid doch froh, dass ihr dieses Leben führen könnt.

Das Leben ist schön, ich schätze es jetzt total!

*

// MYELODYSPLASTISCHES SYNDROM (MDS) //

Eine Krankheit, die eher bei älteren Menschen vorkommt. Das Knochenmark kann die Zellen nicht produzieren, aus denen die Blutzellen hergestellt werden. Das wird wie bei einer Leukämie behandelt, aber ich habe nicht die bösen Zellen.

ICH LIEBE DIE
SONNE UND
WÜNSCHE MIR IM
MOMENT, DASS ES
NUR REGNET UND
SCHNEIT.

Während der Chemo:

Die letzten 14 Tage waren der Horror. Ich war und bin immer noch in einer kritischen Phase. Ich habe die Stammzellen von meinem Bruder bekommen und muss jetzt warten, dass sich die guten Zellen aufbauen. Ich kotze mir die Seele aus dem Leib und das Kotzen tut weh. Es kommt nur Wasser und Galle, weil ich nichts essen kann. Allein schon beim Wort Essen rebelliert der Magen. Ich trinke im Moment auch nichts und bekomme die Flüssigkeit über den Tropf. Zusammen in der Familie zu essen war vorher ein tägliches und wichtiges Erlebnis für mich. Es ist so scheiße, dass ich nichts gegen meinen Zustand machen kann. Ich liege da und hoffe, dass der Tag vorbei geht. Wenn es mir so schlecht geht, leiden meine Eltern mit. Meine Mutter hat sehr geweint und gesagt: „Sevval, ich würde dir gerne all deine Schmerzen und Leiden abnehmen." In der Zeit habe ich die Liebe meiner Eltern am intensivsten gespürt.
In dem ganzen Horror von Kotzen und den ständigen Schmerzen ist man mental komplett weggetreten. Ab und zu kreisen die Gedanken – geht es noch weiter? War das der berühmte Tiefpunkt? Wird es eigentlich mal besser? Neben mir liegt mein Handy und ich weiß, da sind 1000 SMS von meinen Freunden drauf, die wissen wollen, wie es mir geht.
Ich liege jetzt seit drei Wochen im Zimmer und kann nicht raus, nicht mal aus dem Bett. Ich spreche mit der Sonne: Bitte komm erst, wenn es mir gut geht. Ich liebe die Sonne und wünsche mir im Moment, dass es nur regnet und schneit – auch, wenn solche Gedanken ziemlich gemein den anderen Menschen gegenüber sind. Meine Mama betet auch immer dafür, dass es schlechtes Wetter gibt. Sie weiß genau, wie sehr ich die Sonne liebe und dass ich dann einfach raus muss.

Ich habe keine Kraft zu antworten.

Wenn ich irgendwann ganz gesund bin, will ich nach Istanbul, London und mit meiner Freundin nach Australien.

PLÖTZLICH IST NICHTS MEHR NORMAL

12. Juni

Wenn sie offen ist, sehe ich immer die Mutter von der kleinen Erna, die mich grüßt.

Wenn jemand im Krankenhaus im Isolierzimmer liegt und auf einmal nicht mehr da ist und man erfährt dann, dass der gestorben ist, fragt man sich, ob man selbst gesund wird. Ich habe Leukämie. Vor meiner Krankheit habe ich nicht über Glück nachgedacht, jetzt bedeutet Glück für mich, dass ich bei den 70% bin, die geheilt werden können. Bis jetzt schlägt die Chemo an, was will man mehr?
Plötzlich ist nichts mehr normal: Mein Alltag im Krankenhaus ist Blut abnehmen, auf die Waage, schlafen und mich ständig übergeben. Mir wurde anfangs schon schlecht, wenn ich nur übers Essen geredet habe und weil es im Gang immer nach Essen riecht, habe ich meistens die Zimmertür zu. Als nach der zweiten Chemo mein Appetit wieder kam, habe ich am liebsten Spaghetti Bolognese gegessen.
Meine größten Hobbys sind Fotografieren und meine Tiere, dafür gebe ich mein ganzes Taschengeld aus. Am liebsten fotografiere ich meine Haustiere oder den Sonnenuntergang. In der Klinik möchte ich lieber nicht fotografieren. Meine Mutter sagt zwar immer, dass ich alles festhalten soll und sie fotografiert sogar den Ständer mit der Chemo, aber ich möchte von diesem Ort keine Erinnerungen haben.
Früher habe ich täglich meine Freunde getroffen. Jetzt geben sie mir Videos von Ausflügen, die sie mit der Schule gemacht haben und ich freue mich, dass ich so dabei sein kann. Ich schreibe ihnen eine SMS – oder meine Mutter hat das für mich gemacht, als meine Finger vom Wasser zu dick waren und wehtaten –, damit sie Bescheid wissen, warum ich mich nicht melden kann: „Ich bekomme wieder Chemo."
Wenn meine Freunde mich im Krankenhaus besuchen, sehen sie mich zwar anders, weil ich keine Haare mehr habe und stark abgenommen habe, aber eigentlich ist es sonst wie vorher. Wir reden nicht über die Krankheit, sondern über ganz normale Sachen. Ein paar Leute aus meiner Klasse haben

sich gar nicht gemeldet und ich frag mich immer warum? Dafür melden sich andere, mit denen ich vorher weniger zu tun hatte und sagen: „Das ist für uns selbstverständlich." Für mich nicht. Von einigen bin ich auch enttäuscht, aber meine Hauptfreunde sind geblieben. Und im Krankenhaus habe ich auch neue Freunde gefunden, Carsten zum Beispiel. Er hat so eine positive Einstellung und kennt sich aus. Er hat mir am Anfang gesagt: „Alles positiv sehen." Und er lacht immer noch, obwohl er schon so lange krank ist.

Bevor ich krank geworden bin, habe ich meinen Segelschein gemacht und wollte mir in diesem Jahr eigentlich meinen größten Wunsch erfüllen – auf dem Bodensee zu segeln –, aber das muss ich jetzt verschieben. Laut den Ärzten kann ich im nächsten Jahr wieder alles machen, wenn alles gut geht. Dann wollen wir uns ein Boot kaufen, eins mit Kabine, in der man schlafen kann. In der Internet-Bootsbörse schaue ich immer nach Angeboten. Segeln bedeutet mir viel, dabei kann man abschalten.

19. Oktober

Es hockt ein Pilz auf meiner Lunge, der sich vernarbt hat, deshalb muss man ihn rausoperieren und die ganze Chemotherapie wird sich um mehrere Wochen nach hinten verschieben. Das ist aber nicht so schlimm, weil meine gestrige Punktion ergeben hat, dass ich noch immer 0% Leukämiezellen im Körper habe. Deswegen habe ich nach der OP eine kurze Genesungspause – geplant sind zwei Wochen.

1/3 der rechten Lunge wurde entfernt

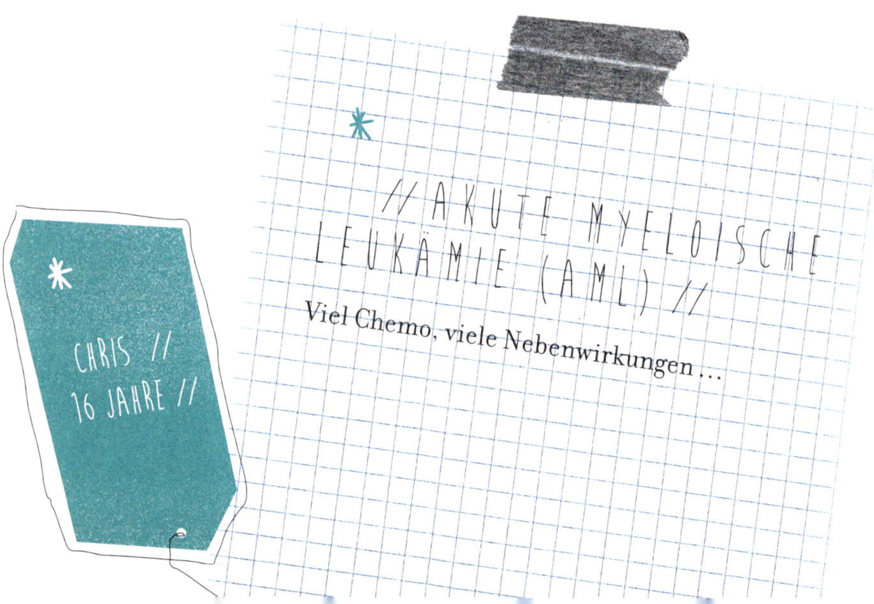

14. November

Warten nervt!

Ich bin jetzt schon wieder seit eineinhalb Monaten im Krankenhaus. Eigentlich hatten sie gesagt, dass ich heute nach Hause fahren kann und ich habe mich schon so darauf gefreut, aber jetzt darf ich doch nicht, ich muss auf das CT warten. Das Warten nervt! Aber es bringt ja nichts, wenn ich den Ärzten sage, dass es mich ankotzt. Ich würde mich schon über einen Tag freuen, oder ein paar Stunden. Zuhause hätte ich dann einen Pflegedienst, der die Medikamente anschließt.

12. Februar

Erst vor zwei Wochen durfte ich endlich nach Hause ... Nach der letzten Chemo hatte ich eine Herzbeutelentzündung, eine Rippenfellentzündung, eine Lungenentzündung und kurz vor der Entlassung auch noch die Schweinegrippe. Von den ganzen Medikamenten habe ich 70% Hörverlust und trage jetzt zwei Hörgeräte. Das bleibt auch so und nervt. Ich komme noch zweimal in der Woche auf die Tagesstation und wenn meine Thrombos auf 80.000 sind, beginnt die Erhaltungstherapie, damit die Leukämie nicht zurück kommt. Es geht bergauf!

2. Juni

Ich war bis Dienstag ganze zwei Monate in Reha. Das hat mir sehr gut getan und ich habe auch eine neue Freundin (kumpelmäßig) aus Tübingen, sie lag auf der KMT. Ich fühle mich erholter und mein Fitnesswert ist um 45% gestiegen.
Insgesamt war ich acht Monate in der Klinik, bis auf wenige Tage zu Hause. Ich bekomme jetzt ein Jahr eine Erhaltungstherapie, dabei muss ich täglich Chemotabletten nehmen und bekomme regelmäßig Chemospritzen in den Oberschenkel. Leider habe ich ein ganzes Schuljahr versäumt und muss jetzt eine Klasse noch einmal machen. Dafür habe ich viele neue Freunde kennengelernt und reise gerade mit dem Zug zu ihnen. Das gefällt mir sehr!

EINE DER DÜMMSTEN
FRAGEN IST:
„WIE GEHT ES DIR?"
DIESE FRAGE STELLEN
EHER DIE PERSONEN,
DIE SICH SELTEN
MELDEN.

MEIN PERFEKTER TAG

Es ist sehr grün, Sommer. Ich bin in einem Wald oder auf einer Wiese. Es gibt dort Tiere: Rehe, Vögel und Eichhörnchen. Und meine Freunde oder die ganze Familie sind auch dort. Wir toben rum, spielen Fangen, grillen. Oder ich bin zu Hause, in meinem Zimmer. Und verbringe Zeit mit meinen Katzen und Schlangen. Das Terrarium steht neben meinem Bett. Ich nehme eine Schlange heraus und streichle sie, dabei fühle ich mich sicher. Wenn ich nach Hause komme und meine Katzen kommen zu mir, fühlt es sich nach normalem Leben an.

im Unterricht Scheiße bauen und so

das mache ich besonders gern, wenn es draußen schon kälter ist

mit den Schlangen darf ich im Moment wegen des Immunsystems keinen Kontakt haben

darf ich grad nicht wegen der vielen Leute

Es ist so viel passiert, dass ich einfach eine Runde Lotto spielen will.

To-do-Liste auf meinem Handy

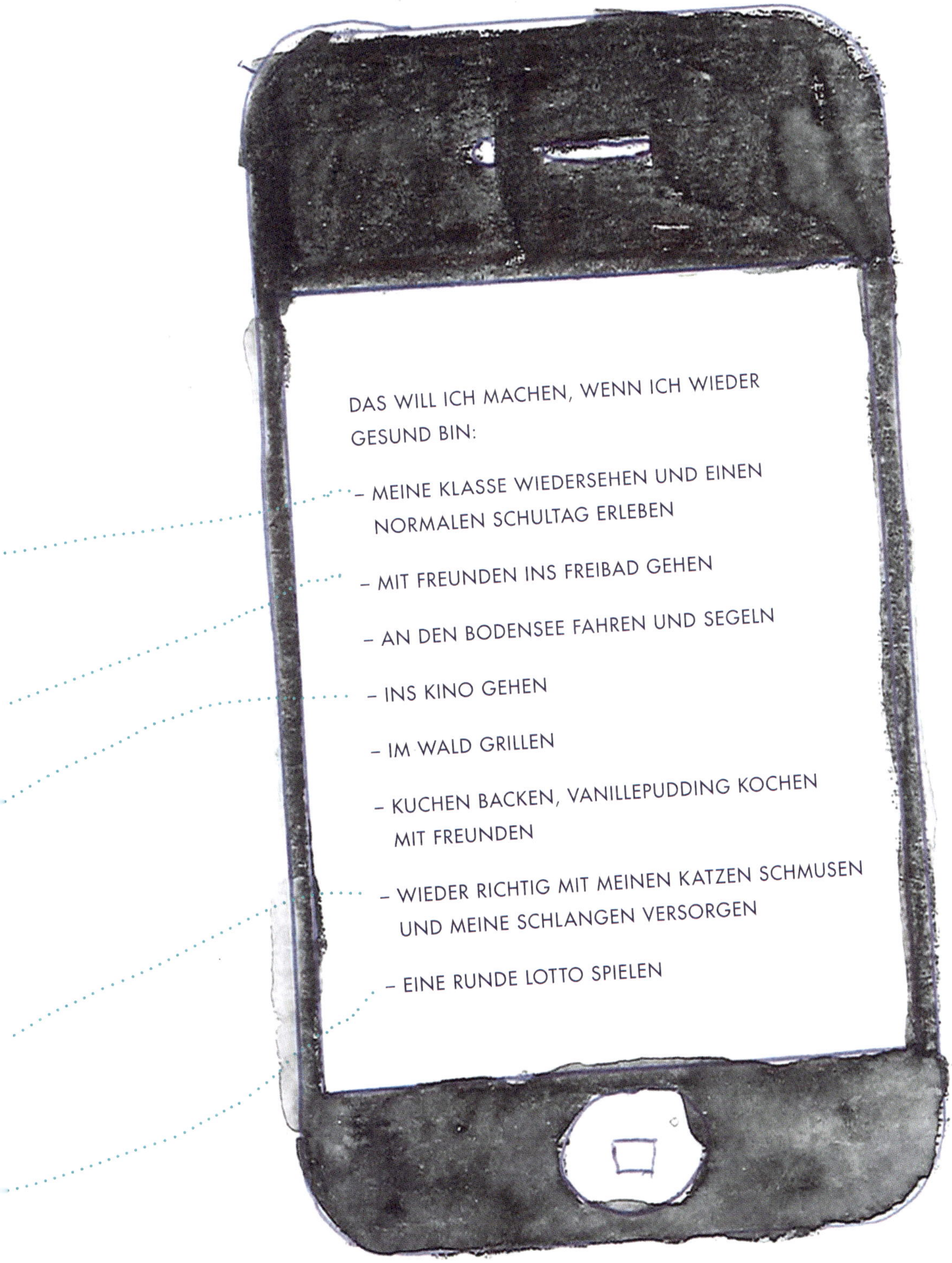

EIN GANZ BESONDERER TAG

Ich habe seit sechs Jahren Leukämie. Es waren viele anstrengende Tage dabei, aber auch schöne. Zum Beispiel, als ich meinen 8. und 9. Geburtstag im Krankenhaus gefeiert habe. Da kommen alle ins Spielzimmer, man kann sich ein Spiel aussuchen und alle singen für einen. Oder als mein bester Freund Koray mir zu meinem 7. Geburtstag eine Freundschaftskette mit einem Adler geschenkt hat. Die trage ich seitdem. Am Freitag war der Jahrestag der Transplantation, das war auch wie Geburtstag. Mama hat eine Überraschung geplant: Ich war mit meinen Bruder und Koray für zwei Tage in Legoland. Ich habe einen Führerschein für ein elektrisches Lego-Auto gemacht, wir haben Legomännchen gebaut, sind auf einen Aussichtsturm gegangen und mit der Drachenbahn gefahren, einmal auch ohne Mama. Dann waren wir noch auf einem Schiff mit einer Piraten-Wasserschlacht. Das war ein ganz besonderer Tag!

KAYRA // 9 JAHRE // LEUKÄMIE // VERSTORBEN

die Sonne scheint und
gleichzeitig regnet es

die Sonne streckt
die Zunge raus

SCHÖN FÄNDE ICH, WENN MAN IN IRGENDEINER FORM WEITERLEBT.

konkrete Ideen dazu hat Faye auf Seite 16

*

// TUMOR IM RÜCKEN //

Seit dem 12. Lebensjahr habe ich einen Tumor im gesamten Rücken. Er ist bis in den Kopf gewachsen, deshalb musste das Gehirnwasser abgepumpt werden. Seit dem 14. Lebensjahr hatte ich acht Operationen, zusätzlich Chemo und sitze im Rollstuhl.

ICH MÖCHTE NICHT MIT SAMTHANDSCHUHEN ANGEFASST WERDEN

Ich musste erst mal damit klarkommen, dass ich im Rollstuhl sitze, aber man gewöhnt sich daran. Gerade habe ich meinen Führerschein gemacht, das war mir wichtig, und ich liebe es, durch die Winterlandschaft zu fahren! Es ist besser, dass ich die Krankheit bekommen habe und nicht mein Bruder – ich könnte ihn nicht leiden sehen. Es hat also einen Sinn, dass ich das habe, davon bin ich überzeugt.

Man muss so viel durchhalten, deshalb sind kranke Menschen stärker.

Wenn ich unterwegs bin, fällt mir auf, dass mir unglaublich viele Menschen helfen wollen. Manche trauen sich nicht, aber einige sind ganz mutig und sprechen mich an. Einerseits ist es gut, dass die Menschen durch meine Krankheit sensibel werden, gerade weil sich jeder nur um sich selbst kümmert, andererseits möchte ich mit meiner Krankheit nicht immer im Mittelpunkt stehen. Und ich möchte auch nicht mit Samthandschuhen angefasst werden.

Ich sehe das Leben jetzt mit anderen Augen und frage mich öfter, ob es wohl auch ein Leben nach dem Tod gibt. Schön fände ich, wenn man in irgendeiner Form weiterlebt. Nicht als Mensch und auch nicht als Engel, das ist zu weit weg, einfach als das, was man sich wünscht.

???

Nächstes Jahr mache ich mein Abi und möchte dann etwas mit Wirtschaft studieren. Ich habe einen Freund. Krankheit ist kein Thema bei uns und wir unternehmen Dinge, die andere Paare auch machen. Disco auf jeden Fall – im Rollstuhl kann man auch tanzen! Ich wünsche mir, dass der Tumor zurückgeht und dass ich wieder laufen kann. Ich kann mir aber gar nicht mehr richtig vorstellen, wie das ist.

DIE VIERTE NIERE

Ein Gerät übernimmt die Aufgabe der Niere.

Mein Name kommt von Ramadan, das ist die Fastenzeit bei den Muslimen. Ich bin mit kaputten Nieren geboren, deshalb habe ich schon als Baby einmal am Tag eine Dialyse bekommen. Ich war immer zu Hause, kaum im Kindergarten und kaum in der Schule. Meine Familie war immer um mich herum und ich habe nichts vermisst. Erst als ich 10 Jahre alt war, ist mir bewusst geworden, wie schwer krank ich bin – da wurde ich sehr traurig. Mit fünf Jahren habe ich eine zusätzliche Niere bekommen, seitdem musste ich immer einen Mundschutz tragen. Als ich eingeschult wurde, haben sie mich ausgelacht, das hat mir sehr wehgetan. Nur ein Junge hat mich angesprochen, was ich denn habe. Wir haben uns angefreundet. Sonst hat mich keiner aus meiner Klasse gefragt, ich glaube meine Lehrerin hatte es ihnen erklärt. Die Lehrer mochten mich nicht, weil ich krank und nicht so gut in der Schule war. Ich habe mich total alleine gefühlt, wollte immer nach Hause, da war ich sicher, nicht ausgelacht zu werden. Manchmal fühle ich mich wie ein kleines Kind, dabei kann ich sehr gut auf mich selbst aufpassen. Am Wohlsten fühle ich mich, wenn ich ohne Familie ganz alleine zu Hause bin. Ich habe vor zwei Jahren eine kleine Schwester bekommen, na ja, ich fand es alleine besser. Mit dreizehn, vierzehn hatte ich eine gute Phase, da habe ich viel Fußball und Basketball gespielt. Mein allergrößter Wunsch ist, Fußballer in einer türkischen Mannschaft zu werden. Mein Lieblingsclub ist der „Fenerbahçe“ aus Istanbul.
Jetzt habe ich die vierte Niere, das heißt, ich habe hinten meine eigenen kaputten Nieren und vorne im Bauch zwei neue. Im Moment funktioniert eine, drei sind kaputt. Ich habe meine Krankheit akzeptiert, ich bin krank geboren und muss halt so weitermachen. Ich weiß aber nicht, was auf mich zukommt.

ICH BIN KRANK GEBOREN UND MUSS HALT SO WEITERMACHEN.

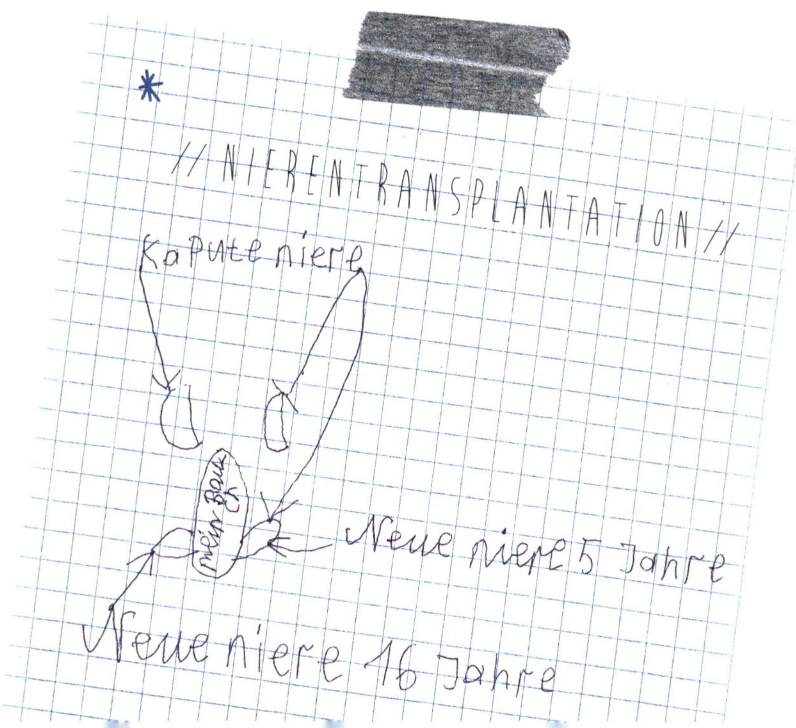

PASSIEREN KANN IMMER WAS

Ich mache gerne Parkour. Dabei bewegt man sich möglichst schnell auf ungewöhnlichen Wegen durch den Stadtraum, springt zum Beispiel mit Saltos über Mauern. Ich habe keine Angst, dass mir dabei etwas passiert. Passieren kann immer was.

Vor drei Jahren bin ich vom Baum gefallen und lag vier Wochen auf der Intensivstation im künstlichen Koma. Die Ärzte hatten mich schon komplett aufgegeben, dann sagten sie, ich würde überleben, aber schwerbehindert sein. Nach der Reha war ich wieder normal. Ich musste aber neu sprechen lernen und habe mich wie ein Gegenstand gefühlt, weil ich mich nicht so äußern konnte, wie ich wollte.

nur mit Gesten, z.B. Daumen hoch

Seit 11 Tagen habe ich die Diagnose, dass ich ALL habe, und ich bekomme gerade den zweiten Chemo-Block. Ich versuche, nicht die lange Zeit zu sehen, die vor mir liegt, sondern Tag für Tag. Ich weiß, dass ich Geduld brauche und der Unfall hat mich stärker gemacht. Ich frage mich zwar, warum mir zum zweiten Mal etwas passiert, aber es bringt ja nichts, sich darüber aufzuregen. Ich versuche, mich nicht runterziehen zu lassen und glaube daran, dass ich auch diesmal wieder gesund werde. Man bekommt ja keine Antwort auf die Frage nach dem WARUM, deshalb bringt es auch nichts, darüber nachzudenken. Es war wie ein kleines Wunder, dass ich bei dem Unfall überhaupt überlebt habe und gesund geworden bin. Das war für mich der Beweis, dass es Gott gibt. Ich stelle mir vor, dass ich ein kleiner Stein bin, der am Strand liegt und aufgehoben wird von jemandem, der sich um mich kümmert. Der Mensch kann ja nichts machen, ich kann mich ja nicht selbst heilen. Genauso kann der Stein sich nicht selbst aufheben. Wenn ich im Urlaub bin, hebe ich gerne Steine auf und lege sie in ein Glas mit Sand.

SAMUEL // 15 JAHRE //

// AKUTE LYMPHATISCHE LEUKÄMIE (ALL) //

MAN BEKOMMT
JA KEINE ANTWORT
AUF DIE FRAGE
NACH DEM WARUM,
DESHALB BRINGT ES
AUCH NICHTS, DARÜBER
NACHZUDENKEN.

DIE NARBE
SIEHT AUS
WIE EIN L.
L WIE LEBER.

DEN ARZT HABE ICH AUCH MAL GEÄRGERT

Ich hab Papas Leber gekriegt. Wenn wir beide nackig sind, sehen wir gleich aus: Die Narbe sieht aus wie ein L – L wie Leber.
Der Oberarzt Dr. Focke sagt zu mir immer Zwetschgenärschle und „du hast wohl Bruddelsuppe gegessen", wenn ich bockig bin. Der hat mir Wasser ins Ohr gespritzt, als ich aufwachen sollte, da wollte ich erst recht nicht. Meine Schwester hat mal drei Spritzen mit Wasser aufgezogen, damit haben wir auf Papa gespritzt. Und ich hab mal mit dem Stöpsel der Spritze vom Zimmer aus auf den Kinderwagen im Gang geschossen. Den Arzt habe ich auch mal geärgert und ihn mit Kochsalzlösung abgeschossen, die ich von den Krankenschwestern bekommen habe.
Ich hab keine Angst, wenn die Mama nachts nicht im Zimmer schläft, denn nachts brauche ich sie ja nicht. Das fettarme Essen hier mochte ich nicht, aber Mama hätte das nicht geschadet. Ich freue mich, wenn ich wieder mit meinen Freunden spielen und draußen rumrennen und Lager bauen kann. Auf der Station hat Mama ja immer neben mir laufen müssen, weil mir die Drainage zu schwer war. Da war die Mama wie ein Hund bei mir an der Leine.

MARK // 8 JAHRE //

// LEBERTRANSPLANTATION //

Meine Leber war krank. Als ich im Zeltlager war, musste ich spucken, dann hatte ich Durchfall und Bauchweh.

Der Pinguin-Arzt, der
ist halt groß. Der hat
eine Spritze in der Hand,
oder besser im Schnabel.

OCÉANE //
8 JAHRE //
LEUKÄMIE

Der Mama-Pinguin
wartet und guckt
zu ihrem Kind.

Der zweite Arzt
hält was zum Ohrengucken.

DIE MEISTEN
GEISTER WISSEN
NICHT, DASS SIE
TOT SIND.

IN BEZUG AUF GOTT IST MIR SCHON MAL DER KRAGEN GEPLATZT

In Bezug auf Gott ist mir schon mal der Kragen geplatzt: Bei meiner Geburt bin ich eine Woche zu spät gekommen, ich war zu groß, da mussten sie mir das Schlüsselbein zertrümmern. Kaum ist man auf der Welt und dann so was. Jetzt bin ich zehn und habe Darmkrebs.

Mir geht es heute nicht so gut, mir geht alles auf den Wecker. Ich möchte am liebsten eine Sedierung, dann schlafe ich und bekomme nichts mit. Dann lassen mich alle in Ruhe! Bei einer Sedierung wird einem was eingespritzt, anschließend wird einem schön schwindelig und man schläft. Das will ich. Dauernd macht jemand an mir rum, zieht an den Schläuchen und wechselt Infusionen. Außerdem muss ich ständig aufstehen, damit mein Kreislauf auf Touren kommt. Ich möchte einfach liegen bleiben, einen Film anschauen oder schlafen.

Das nervt!!

Ich glaube an Gott – naja, ich wünsche mir, an ihn zu glauben. Meine Oma hat mir eine Kreuzkette geschenkt, ich habe aber auch eine schöne Kette mit einer Pistolenkugel, jetzt weiß ich nicht, welche ich tragen soll. Manchmal denke ich über Geister nach. Ich sehe sie nicht, bin aber überzeugt davon, dass sie da sind. Geister haben keine Gefühle. Die meisten Geister wissen nicht, dass sie tot sind. Wenn man zum Beispiel schnell stirbt, man wird erschossen, fällt man sofort um, der Körper ist tot und der Geist steigt aus dem Körper raus. Der Geist versucht alles zu machen, was er als Lebendiger auch gemacht hat, das gibt dann Stress. Geister haben bestimmte Aufgaben, zum Beispiel einen zu beschützen, damit einem nichts Böses passiert. Immer wenn ich ins Bett gehe, lege ich mich schnell hin, decke mich zu, dann kommt eine weiße Gestalt, sie ist aber auch schnell wieder weg. Ich denke, es sind die Ahnen, die mal kurz nach dem Rechten sehen, ob alles okay ist.

Ich möchte nicht unsterblich sein. Wenn man tausend Jahre alt ist, kann man ja nur noch im Bett liegen. Aber wenn man zum Beispiel 30 Jahre alt ist und ab dem Zustand unsterblich wird, das wäre dann schon was anderes. Dann muss aber der Körper auf dem Stand bleiben. Ich glaube nicht an ein Leben nach dem Tod. An den Himmel möchte ich schon gerne glauben, aber es gibt ja bis jetzt keine Beweise dafür. Im Tod hat man endlich Ruhe zum Schlafen.
Man kann sich für zwei Wege entscheiden: die ewige Ruhe oder rumspuken. Ich würde mich für die ewige Ruhe entscheiden. Rumspuken wäre Stress für mich, immer unter dem Bett oder in den Schränken zu hocken, nein, ich will SCHLAFEN!!

* // DARMKREBS //

Mein Krebs ist total selten, ich bin der 13. auf der ganzen Welt mit dieser Art. Es ist ein Gendefekt, der vererblich ist. Meine Großmutter hatte das auch, meine Mutter hat es dann an mich weitergegeben, aber bei ihr ist es noch nicht ausgebrochen. Diese Krebsart entsteht normalerweise zwischen 45 und 60 Jahren. Chemotherapie bringt nichts, da gibt es vielleicht 50% Vorteil und 50% Schaden. Ich bekomme jetzt eine Immuntherapie.

die zwei Wege:
ewige Ruhe oder rumspuken

FAST WIE VERLIEBT SEIN

Im Moment geht mir nur eins durch den Kopf: Wann hört die Scheiße endlich auf? Beim dritten Rückfall bin ich ins Koma gefallen. Da habe ich Engel gesehen und meine Mutter gespürt. Die Engel waren wunderschön, sie hatten blaue Kleider an und waren von Licht umgeben. Da war auch einer mit einem grünem Kleid, das war der Schutzengel von Mama. Die Schutzengel von allen aus meiner Familie sind zu mir gekommen. Sie sind nicht im Himmel, sondern noch hier bei uns auf der Erde. Meistens sehe ich sie, wenn ich schlafe – wenn ich wach bin, gehen sie wieder weg. Ich spüre auch manchmal, dass ich aufgefangen werde, wenn ich runterfalle. Erst ist da ein Schock, dann fühle ich, wie der Engel mich auffängt. Das ist ein wunderschönes Gefühl, ein Kribbeln im Bauch, fast wie verliebt sein.
Im Kindergarten habe ich Gott einen Brief geschrieben, ich kann mich nicht mehr genau erinnern, was ich geschrieben habe, auf jeden Fall was Tolles. Ich habe den Brief in eine Barbietasche gesteckt, aufgehängt und gewartet, dass sich die Tasche bewegt. Ich war sehr enttäuscht, dass Gott mir nicht zurückgeschrieben hat.

Mein Schutzengel sieht viel schöner aus als auf der Zeichnung, eher braunere Haare, eher wie eine Prinzessin.

WANN HÖRT DIE SCHEISSE ENDLICH AUF?

Ich und Mama

MAJA //
4 JAHRE //
LEUKÄMIE

TOD IST FÜR MICH KEIN THEMA.

STEPHEN HAWKING BEI DEN SIMPSONS

Ich war schon zweimal kurz vorm Sterben und bin doch nicht gestorben. Das ist doch schon mal gut. Als kleines Kind dachte ich, das ist normal, so oft im Krankenhaus zu sein, jeder Mensch muss das. Ich habe seit meiner Geburt Sichelzellanämie. Es ist doof, dauernd Schmerzen zu haben. Wenn ich mich bewege, werden sie schlimmer, deswegen liege ich viel im Bett und versuche, meinen Körper ruhig zu halten. Wenn ich mal schmerzfrei bin, gehe ich in die Schule. Ich kann auch etwas Sport machen, muss aber viele Pausen einlegen.

Meine Freunde behandeln mich normal, das finde ich gut. Früher war ich in einer Gesamtschule, da wurde ich viel gemobbt und ausgelacht wegen meiner Krankheit und auch, weil ich Türke bin. Jetzt bin ich auf der Stephen-Hawking-Schule, da sind auch andere Kinder, die irgendeine Krankheit oder ein Handicap haben und wir respektieren uns gegenseitig. Ich bewundere Stephen Hawking, weil er mit dieser schweren Krankheit lebt, forscht und arbeitet. Er kann ja nicht mehr sprechen und hat auch dafür eine Lösung gefunden: Sein Gehirn und seine Wimpern wurden mit Elektroden verbunden, er hat mit dem Augenaufschlag gesprochen und das wurde auf einen Computer übertragen. Stephen Hawking hatte sogar eine Rolle bei den Simpsons. Er hat da mit seinen Mathekünsten etwas ausgerechnet. Ich finde es toll, dass Kranke auch groß rauskommen können. Stephen Hawking ist ein Vorbild für mich und er macht mir mit meiner Krankheit Mut. Ich will nämlich auch mit meiner Computersache groß rauskommen. Ich zerlege alte Computer und baue sie wieder zusammen. Mein Traumberuf ist, Computerspezialist zu werden.

Stephen Hawking, meine Familie, mein kleiner Bruder, meine Freunde sind besondere Menschen für mich.

BIRKAN //
13 JAHRE //

Meine Krankheit verschlimmert sich und eventuell bekomme ich jetzt eine KMT. Ein Spender ist da, das wäre also eine Alternative für mich, aber es ist ein großes Risiko, der Arzt meinte, ich könnte daran sterben. Vor dem Tod habe ich aber keine Angst, Tod ist für mich kein Thema und ich glaube an ein Leben nach dem Tod: Unten gibt es einen Teufel und oben einen Himmel. Je nachdem, wie man gelebt hat, wird man eingeteilt. Wenn man zum Beispiel mittelböse war, kommt man zuerst auch in die Hölle und muss mit Leiden alles abarbeiten, mit Feuer, einfach das ganze Programm. Ich vermute bei mir, dass ich das Leiden jetzt im Leben abarbeite und dann ins Paradies komme.

siehe Lars Hartmut

Ich kann erwachsener denken als meine Freunde, bin aber gleichzeitig noch sehr kindisch. Bestimmte Dinge mach ich aber nicht, weil ich die Konsequenzen kenne und ein gutes Gespür für Gefahren habe. Ich habe so viel erlebt und bin dadurch vorsichtiger geworden.

Der Glaube hilft mir. Ich bin ein gläubiger Muslim – sehr sogar. Ramadan kann ich nicht machen, weil ich krank bin, da ist man davon befreit. Ich nehme viel Rücksicht auf Menschen, ich möchte sie nicht verletzen, weil ich weiß, wie es ist, Schmerzen zu haben. Ich bin froh, dass ich so bin. Wenn ich gemobbt werde, macht mich das schon wütend und traurig, aber ich war noch nie gewalttätig. Am besten kann ich mich ablenken, wenn ich mit meinem kleinen Bruder spiele. Wir spielen immer Arzt, er sagt zu mir: „Ich bin jetzt tot, bring mich ins Krankenhaus. Und jetzt bist du dran."

Ich kann z.B. 10 Minuten am Stück lachen!

// SICHELZELLANÄMIE //

Das ist eine Blutkrankheit, die von den Eltern übertragen wird. Die ganze Krankheit funktioniert so: Meine roten Blutkörperchen vermehren sich zu Mondförmchen, sozusagen zu einem Halbmond, und verklumpen sich. Es entwickelt sich ein Infekt irgendwo im Körper und das verursacht große Schmerzen. Man hat die Krankheit ein Leben lang.

türkische Sichelzellanämie-Flagge

Immer wenn wir zu den Fischen fahren, sagt mein Opa zum Fischreiher: „Bleibt bloß weg von den Fischen, sonst haben wir ja keine mehr zum Grillen.“

Lars Hartmut

MEINE LIEBLINGS-TIERE SIND FISCHE

Wenn es mir sehr schlecht geht, sitze ich vor dem Aquarium, dann geht es mir besser.
Mein Opa kann Fische fangen und räuchert sie. Ich kann davon einen ganzen Fisch essen.
Ich war im Zoo. Da gibt es ein kleines Glashaus. Darin wohnt die Mamamaus mit ihren Babys. Die sind alle noch ganz nackig, ohne Fell, gerade geboren.

ERNA // 5 JAHRE // LEUKÄMIE // VERSTORBEN

ICH BIN REALIST

Es nervt, dass ich nicht beim Sport mitmachen kann. Andere lassen sich auch entschuldigen, weil sie die Lehrerin nicht mögen, dann sitzen wir auf der Bank und haben Spaß!

Ich habe als Kind nie Märchenbücher gelesen, sondern immer Reparaturanleitungen. Ich war schon immer an Technik interessiert. Als ich fünf war, habe ich schon einen Computer auseinander und wieder zusammen geschraubt. Wenn ich was Technisches für das Krankenhaus entwickeln würde, wäre es eine Intelligente Rufanlage mit Anbindung der Infusiomaten, damit nachts das nervtötende Piepen aufhört und man etwas entspannter schlafen kann. Das wäre jetzt nicht so aufwändig, das kann man sogar auf dem Steckbrett zusammenlöten.

Ich sammel auch alte Mofas und restauriere sie, von meinem Vater habe ich viel über Motorradtechnik gelernt. In der Zeit nach der Transplantation durfte ich nicht zur Schule, deshalb hatte ich viel Zeit zu schrauben. Da habe ich ein Mofa von meinem Vater aus den 70er-Jahren restauriert. Das ist sehr schön geworden und ich habe auch schon einige Runden in unserer Siedlung gedreht, obwohl ich noch keinen Führerschein habe. Wenn ich fünfzehn bin, fahre ich damit zur Schule. Glück ist für mich, wenn nach 30 Jahren der Motor wieder brüllt. Ich setze mich einfach drauf und lasse nach dem Ortsschild den Gashahn springen …

Dass ich jetzt die Leber von einem anderen habe, macht mir nichts aus, weil sie besser ist als meine. Meine Spenderin war weiblich, ich würde gerne die Familie kennenlernen und mich bedanken. Durch die entzündungshemmenden Medikamente habe ich jetzt auch noch einen gebrochenen Rücken, das nennt sich Osteoporose und normalerweise hat man damit erst als ziemlich alter Mensch zu tun, aber ich nehme halt alles mit.

Ich brauche die Aufklärung über die Diagnose und die Behandlung, dann lasse ich mich drauf ein. Ich mag es nicht, wenn etwas hinter vorgehaltener Hand besprochen wird. Ich hab das halt, das ist so, da muss ich mit leben – ich bin Realist.

* KLAUS //
14 JAHRE //

* // LEBERERKRANKUNG //

Meine Leber hat nicht mehr mitgemacht – schöne Scheiße!

GLÜCK IST,
WENN NACH
30 JAHREN DER
MOTOR WIEDER
BRÜLLT.

I AM A STUNTMAN

like Ryanair

My name is Ryan: I am six years old, I'm gonna be seven this year!
I love to drink a cup of tea. In England, when we have a problem we drink a cup of tea. My problem is cancer. Since eight months I stay in hospitals in Germany.
Now in this German hospital the nurses are really quite nice to me, but most of them speak German. I am in contact with my friends in England with the X-Box every day or I skype with them, this is very important for me. I like cooking! I would like to bake a cake every day, that's my favorite hobby. I also love the snow in Germany. I had a skiing lesson on the mountain Feldberg. At home I like to do motocross – I am a stuntman!
I have two great wishes in my life. The first one has been done: Meeting Travis Pastrana, he is the most famous motocross rider in the world. I had a private meeting with him, that's true: I met him! The second wish is to meet Mind Craft, the guy who does it, is "Chris and the Mike". I love it!

ein Tumor, dessen Zellen in einem unreifen Stadium sind

ICH WUSSTE GAR NICHT, WAS BÖSARTIG HEISST!

ICH HAB DIE DIAGNOSE ÜBERS TELEFON BEKOMMEN

Der Arzt meinte, es ist blöd, dass er es mir am Telefon sagen muss, aber die Zellen seien bösartig. Ich wusste gar nicht, was bösartig heißt! Er hat mich auch gefragt, ob ich schon mal was von Chemo gehört hätte. Ich habe nur gehört, dass einem da die Haare ausfallen und ab dem Moment habe ich nur an meine langen Haare gedacht. Im Krankenhaus wurde ich gefragt, ob ich einen „Port" oder einen „Hickman" will. Ich habe mich für den „Port" entschieden – mit dem kann man duschen. Die ersten zwei Chemos waren der Horror! Ich habe nur gekotzt und geschlafen. Meine Mom war immer bei mir. Ich habe nichts mehr gegessen, wurde immer dünner und auf der Station haben sie gemeint, wenn ich jetzt nichts esse, bekomme ich eine Magensonde.

Katheder

Meine Familie und ich sind durch die Krankheit sehr eng geworden, besonders die Beziehung zu meinem Bruder. Aber wir reden nie über die Krankheit, wir machen was Besseres: Wir nerven uns gegenseitig!

In sieben Monaten habe ich vier Chemos, eine Operation an der Leber und Rippe und anschließend noch zwei Chemos erhalten. Im letzten Jahr war ich offiziell gesund. Im Sommer war ich mit anderen Jugendlichen zum Segeln in Holland. Das war richtig cool! Wir haben auf dem Schiff übernachtet, die Segel gehisst, sind von Insel zu Insel gefahren und an den Stränden entlang gelaufen. Einmal sind wir mit dem Schiff gestrandet, weil Ebbe war, und haben zugesehen wie die Flut kam. Ich habe mich richtig gut gefühlt!

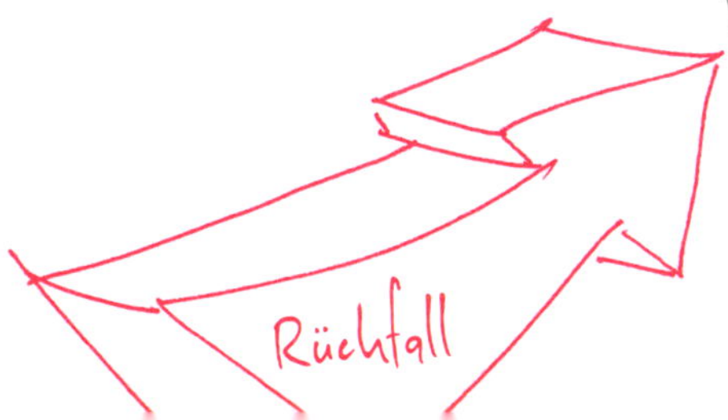

ES TUT GUT, MAL ALLES RAUSZULASSEN

Da war plötzlich ein halber Tennisball an meinem Fuß. Es hieß auch mal, dass der Fuß abgenommen werden muss, aber durch die Chemo ist der Bobbel dann weggegangen.
Schlimm war, als meine Finger kaputt gegangen sind und ich nicht mehr gut sprechen konnte. Durch die Chemo verliere ich auch etwas meinen Verstand: Ich werde manchmal richtig wütend und raste aus, fünf Minuten später kann ich mich nicht mehr daran erinnern. Meine Familie weiß aber, dass das nicht böse gemeint ist. Es tut gut, mal alles rauszulassen und am besten kann ich das mit meiner Mama. Ins Krankenhaus gehen kann ich besser mit meinem Papa. Es ist schön, wenn du von beiden etwas hast, wenn jeder etwas Besonderes in sich hat.
Meine kleine Schwester hat mal zu mir gesagt: „Nur weil du das jetzt hast, werde ich vernachlässigt.“ Sie sagt auch, dass ich magersüchtig bin, weil ich so dünn geworden bin. Ich kriege ja auch Geschenke und das ist für meine Schwester schlimm. Ich will aber nicht bevorzugt werden! Wenn ich ans Telefon gehe, fragen immer alle: „Wie geht's dir?“ Ich möchte, dass sie mich normal behandeln und nicht wie einen Pflegefall. Es verletzt mich, wenn meine Eltern nur was mit meiner Schwester machen und sagen: „Alissa geht nicht mit, sie ist zu schwach.“ In der Schule gibt es einen Fahrstuhl, aber ich bin oft Treppe gelaufen, weil ich nicht die Kranke sein wollte. Es gibt welche, die stört es nicht, dass ich krank bin und sie fragen auch nichts. Andere quetschen mich aus wie ne Zitrone. Meine allerbeste Freundin hat sich zurückgezogen und nicht mehr mit mir geredet, das war schlimm.
Meine Eltern kennen einen Mann, der immer ganz positiv denkt. Wenn er mit uns redet, tut das richtig gut. Der geht seinen eigenen Weg und hat uns beigebracht, positiv zu denken: Ich sage jeden Morgen vor dem Spiegel Sätze wie „Meine Haare bleiben drin“ und „Ich bin glücklich und gesund“.
Das mit den Haaren sage ich mir aber nicht mehr so oft, weil ich sicher bin, dass sie nie wieder rausfallen werden. Ich bin froh, dass ich jetzt meinen letzten Chemo-Block habe.

Ich will endlich wieder glücklich und gesund sein! Glück ist, wenn alles gut ist, wenn es mir richtig gut geht, wenn alle für mich da sind, wenn ich einfach mal nicht daran denken muss – ans Krankenhaus und an Krankheiten. Du bist dann jemand anderes. Außerdem möchte ich mal reich sein. Ich würde Mama und Papa ein bisschen Geld abgeben und mir ein Pferd und einen Hund kaufen. Wenn alles vorbei ist, will ich reiten lernen. Und ich freue mich darauf, wenn sich das mit meiner Schwester normalisiert. Wenn es mir wieder richtig gut geht, fahren wir alle zusammen nach Hamburg, gehen in den Zoo, auf den Fischmarkt, ins Musical „König der Löwen" und machen eine Hafenrundfahrt.
Da fängt für mich und uns wieder das richtige Leben an. !!!

Meine Haare bleiben drin.
Meine Haare bleiben drin.
Meine Haare bleiben drin.
Ich bin glücklich und gesund.

* // TUMOR IM SPRUNGGELENK //

= Bobbel am Fuß

Poldi
Peppa
Naomi

KATER BRUNO IST EIN PECH-VOGEL

Als er drei Monate alt war, hat meine Schwester mit ihm Tierarzt gespielt und ihm die Barthaare auf einer Seite abgeschnitten. Dann hat er sich die Sehnen im Vorderfuß gerissen und musste operiert werden. Sein Schwanz ist mittlerweile auch fünf Zentimeter kürzer, weil er ihn in die Haustür eingeklemmt hat und man ihm ein Stück abnehmen musste.

MEIN WUNSCH-KRANKEN-HAUS

In meinem Wunschkrankenhaus soll es sein wie in einer kleinen Ferienwohnung, wie im Urlaub. Das Schönste wäre, wenn man seine Haustiere mitbringen könnte – man müsste extra eine Ecke für sie einrichten. Und Geschwisterkinder sollten immer kommen können. Es ist gemein, dass das nur am Wochenende geht, denn ich vermisse meine Schwester Amelie.

Mutengel
Gesundheitsengel
Traumfänger
Ich
Amelie

NICHTS GREIFBARES

Ich habe das Gefühl, alles ist ausgeschöpft, es gibt nichts Greifbares, immer nur dieses „wir müssen das ausprobieren“, nicht „wir wissen es“. Hier geben die Ärzte aber wenigstens zu, dass sie es nicht genau wissen. Das finde ich besser, als wenn mir die ganze Zeit was vorgeschwafelt wird. Dass es mal aufhört, glaube ich nicht, auch wenn ich es mir natürlich wünsche. Es gibt keinen klaren Verlauf meiner Krankheit. Wenn die Werte wieder runtergehen, habe ich immer Angst vor dem Krankenhaus. Nicht so sehr davor, dass ich sterben könnte oder zu Hause innere Blutungen bekomme, denn dann ist es wenigstens vorbei. Seit ich sechs Jahre alt bin, muss ich regelmäßig ins Krankenhaus und das geht auf die Psyche. Die Atmosphäre ist furchtbar, man hat keinen Rückzugsort, ist in seiner Privatsphäre eingeschränkt, dabei brauche ich es, mich zurückziehen zu können. Andauernd kommt jemand rein und wenn ich aufs Klo gehen will, muss ich klingeln. Nicht mal schlafen kann ich. Weil ich ins Krankenhaus muss, seit ich ein Kind war, wurde ich später auch immer weiter wie ein Kind behandelt. Man muss sehr selbstbewusst sein, weil man gucken muss, dass man medizinisch seinen Willen durchgesetzt kriegt. Ich bin nicht spirituell und an die chinesische Medizin glaube ich auch nicht, das schmeckt einfach nur scheußlich. Da kann man auch selbst was aus dem Garten holen.

Nur in den Krankenhaus-Pausen kann ich wieder Kraft schöpfen – das hatte ich jetzt aber schon lange nicht mehr. In letzter Zeit war ich jede Woche im Krankenhaus und habe nebenher mein Abi gemacht. Mittwoch und Donnerstag waren Deutsch- und Matheprüfungen, am Wochenende bin ich ins Krankenhaus. Das war aber Zufall, dass das so gepasst hat.

!!!

JANA // 18 JAHRE //

// WEICHTEILRHEUMA //

IN LETZTER ZEIT
WAR ICH JEDE WOCHE
IM KRANKENHAUS UND
HABE NEBENHER MEIN
ABI GEMACHT.

ICH DENKE NICHT, DASS ES SEELISCH IST.

*

// MORBUS CROHN //

Das ist eine Darmkrankheit und zwar am Dickdarm. Ich bekomme immer wieder Schübe und muss dann ins Krankenhaus, bis zu siebenmal im Jahr. Dann habe ich Blut im Stuhl, Bauchkrämpfe, werde schlapp und bekomme Fieber.
Mein Immunsystem ist nicht so stark, deshalb kriege ich schnell Infektionen.

IM HIMMEL GIBT ES GARANTIERT KEIN KLO

Meine Mutter ist an Morbus Crohn gestorben und ein halbes Jahr später haben mein Bruder und ich dieselbe Krankheit bekommen. Sie sagen, es kommt vom Tod meiner Mama, aber ich denke nicht, dass es seelisch ist. Ich habe mich damit abgefunden, dass ich das habe und dass es chronisch ist. Am Anfang hatte ich Angst, dass ich immer daheim sitzen muss oder einen künstlichen Darmausgang bekomme und nicht mehr Fußball spielen kann. Mein Bruder und ich wechseln uns mit den Schüben ab. Wir leben bei meiner Oma. Sie weiß nicht so gut Bescheid über die Krankheit, sie denkt, wir simulieren manchmal, sie will es aber auch nicht so genau wissen. Oma meint, dass man bei so was nicht gleich in die Klinik muss. Sie mixt dann immer selber was zusammen, alle möglichen Tees aus Breit- und Spitzwegerich, das schmeckt ekelig. Ich merke aber genau, wann es losgeht und sage zum Papa: Es ist soweit, ich muss ins Krankenhaus.

oft 25x in der Nacht

Ständig hat man mit dem Thema Verdauung zu tun, ich habe keine Lust mehr, dauernd auf's Klo zu rennen, das hängt mir zum Hals raus. Ich habe aus Verzweiflung auch mal gesagt, dass ich lieber einen künstlichen Ausgang möchte, weil ich darauf keinen Bock mehr habe. Oma spricht mir dann Mut zu: „Das geht wieder weg, Simon, du musst kämpfen.“ Einmal war es ein halbes Jahr gut, da dachte ich, jetzt ist es vorbei, aber es kam wieder. Das Gute ist, dass ich viel für die Schule lerne, wenn es mir schlecht geht, weil ich nicht raus kann – ich brauch ja immer ein Klo in meiner Nähe. Mit Oma spiele ich dann viel „Mensch ärgere dich nicht“.

Wenn ich meine Mama am Grab besuche, bringe ich ihr immer was mit, zum Beispiel schöne Steine, die ich gefunden habe. Ich unterhalte mich mit ihr und erzähle wie es mir geht. Meine Mama lebt im Himmel wie auf der Erde, aber ohne Bauchweh. Im Himmel gibt es garantiert kein Klo.

ALLEINE IM HIMMEL

wie bei allen Frauen →

Ich hatte ständig Rückenschmerzen und mindestens zehn Wirbel sind gebrochen. Irgendwann wussten die Ärzte, dass es Leukämie ist und dass die Krankheit lange dauern würde. Ich war ja erst neun Jahre alt und habe das nicht so geschnallt. Meine Mama hat mir das von den bösen Zellen erzählt und dass sie mit Chemotherapie kaputt gemacht werden müssen, ab da habe ich es begriffen. Seitdem geht es so: krank, gesund, krank, gesund und jetzt wieder krank. Ich habe zweimal Stammzellen bekommen, einmal von einem Fremden und einmal von meinem Papa. Beide Male habe ich die Zellen abgestoßen. Ich bin zweimal durch die Hölle gegangen. Mein Leben hat sich radikal verändert: Ich kann keinen Sport mehr machen, keine Freunde treffen und nicht mehr zur Schule gehen. Ich muss immer ins Krankenhaus, das käst mich an. Ich bin oft wütend und lasse das an meinem kleinen Bruder aus. Darauf bin ich nicht stolz. Wenn ich einen Lederball habe, knalle ich ihn an die Wand. Manchmal weiß ich nicht, was ich mit meinem Leben anfangen soll, ich bin oft traurig und weine.

Es gibt aber auch Dinge, die ich ohne diese Krankheit nicht erleben würde: Ich habe schon viele Promis getroffen, wie zum Beispiel Michael Ballack oder Rudi Völler. Den Rudi Völler habe ich schon dreimal getroffen und er hat mich auch schon in die KMT begleitet. Ich bin auch mit dem Hubschrauber über das Ruhrgebiet geflogen, der Boden war aus Plexiglas und ich konnte unten meine Heimat sehen, das war richtig COOL.

Der Rudi Völler ist ein toller Typ !!! …

Jetzt bekomme ich zum dritten Mal Stammzellen und zwar von meiner Mama. Mein Gefühl ist: Ich bekomme die KMT und dann sterbe ich. Wenn man so krank ist, spürt man Liebe so intensiv, wie zum Beispiel die von meiner Mama.

Ich glaube ein bisschen an den Himmel. Wenn ich sterbe, bin ich aber alleine im Himmel, ohne meine Familie, das macht mich unheimlich traurig.

*
TOBIAS //
11 JAHRE //
VERSTORBEN

// AKUTE LYMPHATISCHE LEUKÄMIE (ALL) //

GLÜCKSBRUNNEN

Im Himmel gibt es nur Mehrfamilienhäuser und ein großes, sehr buntes Einkaufszentrum. Es gibt auch viele Tiere, wie Hunde, Katzen, Löwen und Elefanten. Die Tiere beißen nicht. Es gibt nur eine Schule, der Lehrer ist ein Engel, der jedem alles erklärt.
Auch die Polizisten und Feuerwehrmänner sind Engel und passen auf, dass es niemandem schlecht geht. Wenn man traurig ist, bringen einen die Polizistenengel zum Glücksbrunnen. Das Wasser zeigt die Zeiten des Lebens, wo der Mensch lustig war. Wenn man dies gesehen hat, wird man wieder glücklich.

NORTON // 15 JAHRE //

// SICHELZELLANÄMIE //

Birkan hat das Gleiche, siehe Seite 73.

Mein Glücksmoment:

AUF DER WIESE
EINE GELBE BLUME,
EINE BUTTERBLUME,
EINE HUMMEL,
DIE VON DEN BLÜTEN
TRINKT

ICH GEHE IMMER
VON DEN
PROZENTEN AUS,
DIE SIND JA GUT:
80% HEILUNGS-
CHANCEN.

Paul

DIE SACHE MIT DEM LEBEN – MAN WIRD DAS THEMA NIE LOS

// MEDIZINISCH GESUND //

Viele Kinder und Jugendliche überleben die Krankheit und erhalten die Diagnose „medizinisch gesund". Auch wenn sie schon längst wieder mitten im Alltagsleben angekommen sind, prägt die überstandene lebensbedrohliche Krankheit das ganze Leben und die Sichtweise darauf.

Ich habe gespürt, dass ich wieder gesund werde. Im Laufe der Zeit wurde das Thema Krankenhaus immer kleiner, jetzt ist es ganz weg und ich bin frei! In den letzten Jahren musste ich immer vernünftig sein und wurde viel zu früh erwachsen. Jetzt bin ich wieder kindisch, das genieße ich sehr. Ich bin mir für nichts zu schade. Ich habe mich nicht nur körperlich verändert, sondern auch meine Einstellung. Wenn mich jemand auf der Straße anlächelt, einfach so, bin ich glücklich.

FRANZI // 18 JAHRE // NEUN JAHRE LEUKÄMIE, JETZT GESUND

Als Jugendlicher Krebs zu haben ist Scheiße, weil man lieber ohne Familie unterwegs sein will, aber immer unter deren Kontrolle steht. So eine Krankheit ist sehr hart für die Familie und man kann sich ihr gegenüber ja nicht einfach ätzend benehmen wie andere Jugendliche. Außerdem habe ich das gesamte Immunsystem von meiner Schwester, das heißt: Ich muss ihr immer dankbar sein.
Meistens werde ich über die Krankheit definiert: „Das ist der mit den Krücken“ und nicht „der mit den lockigen Haaren“. Man wird das Thema nie los, auch wenn es eincm gut geht. Entweder heißt es: „Das ist der Junge, der Krebs hat“ oder „der, der Krebs hatte“. Ich habe die Schule gewechselt und mich an der neuen Schule nicht geoutet, trotzdem fragen mich die Lehrer immer, ob sie meine Tasche tragen sollen.

Wieso denken so viele, wenn von Krebs die Rede ist, nur an den Tod? Wenn man Krebs hat, heißt das noch lange nicht, dass man sterben muss. Sicherlich, es besteht die Möglichkeit zu sterben. Aber man muss optimistisch bleiben und sein Leben genießen, in vollen Zügen. Und wenn es doch so kommen sollte und der Tod einen einholt, kann man sagen: Ich habe jede Minute ausgekostet.
Und überhaupt: Der Tod, das Sterben, das muss nicht unbedingt so schlimm sein. Neben mir ist mal ein Junge gestorben, der war vielleicht neun oder so. Martin hieß er. Es war schon lange klar, dass er es nicht schaffen würde, aber er war ganz ruhig, voller Vertrauen. Gegangen ist er dann, als für einen kurzen Moment niemand im Zimmer war außer mir. Er ging ganz friedlich, mit einem Lächeln. Vielleicht fällt es einem auch leichter, wenn man noch so jung ist. Man hat noch nicht so viel auf der Erde erlebt, hat noch nicht so lange Bindungen und kann die Welt viel leichter loslassen. Wenn es mir nicht so gut geht, denke ich an Martin. Ich lebe jetzt viel bewusster und freue mich jeden Tag, einfach nur zu leben.

„DAS IST DER MIT DEN KRÜCKEN" UND NICHT „DER MIT DEN LOCKIGEN HAAREN"

Manuel

WIR DANKEN

In erster Linie danken wir den Kindern und Jugendlichen für ihre Offenheit und Ehrlichkeit, denn ohne sie gäbe es dieses Buch nicht. Sie haben uns einen sehr intimen Einblick in ihr Leben ermöglicht, das fanden wir mutig! Wir danken auch denjenigen, die während unseres Arbeitsprozesses gestorben sind, sie haben sich nicht unter der Bettdecke versteckt, sondern uns bis zum Schluss ihre wichtigen Gedanken mitgeteilt.
Danke, Alissa, Andrea, Anike, Anita, Birkan, Chris, Erna, Dominik, Fabian, Faye, Franzi, Gjenifer, Hanna, Jana, Jenny, Karina, Kayra, Klaus, Lars Hartmut, Lena, Leon, Madeleine, Mark, Manuel, Maja, Meltem, Norton, Océane, Paul, Ramazan, Ryan, Samuel, Sevval, Simon, Thao, Tizian, Tobias.

Wir danken den kleinen und großen Perkussionisten, die beim musikalischen Workshop auf der Station 14 einen wichtigen Beitrag zu unserem Hörspiel geleistet haben. Wir waren erstaunt, dass man mit so vielen Schläuchen am Körper Musik machen kann – die Station hat an diesen Tagen ziemlich gebebt!
Danke, Büsra, Erik, Marco, Marvin, Melek, Michelle, Ryan, Tobias und auch den weiteren Musiker_innen Elkhan, Felix, Julia, Linus, Wolfgang und allen voran Ro Kuijpers für die musikalische Leitung und die vielen Stunden im Studio.

Dafür, dass sie die Glücksmomente durch ihre Stimmen lebendig werden ließen, danken wir Julia, Lena, Linus, Marie, Mathias und außerdem Andreas Helgi Schmid für den kreativen Input bei der Hörspielfassung und Regie. Danke auch Caspar Mussler – wir hatten in deinem Studio sehr viel Spaß!

Dass wir uns so normal auf den Stationen 14, 15, 18, auf der KMT, in der Tagesklinik und im Spielzimmer bewegen und arbeiten konnten, verdanken wir dem gesamten engagierten Klinikpersonal der Universitätsklinik für Kinder- und Jugendmedizin Tübingen mit Prof. Dr. Rupert Handgretinger, den Ärzt_innen, dem Pflegepersonal, den Erzieherinnen – insbesondere Eva Katharina Vöhringer – , der Kunsttherapeutin und den Klinik-Lehrer_innen.

Wir haben an manchen Tagen den Klinikalltag ziemlich durcheinandergebracht: Wir platzten in die Visite, die Klinikschule musste für uns schon mal den Unterricht am Bett verschieben, die Physiotherapie verlegt werden, die Eltern wurden aus dem Zimmer „verscheucht“ … vielen Dank für die Geduld und Flexibilität!
Und vor allen Dingen danken wir Dorothee Mundle, Sigrid Kochendörfer, Thomas Bäumer und Manuel Schlösser vom psychosozialen Dienst, die uns bei der Vermittlung geholfen haben und neben ihrer engagierten Arbeit immer ein offenes Ohr für uns hatten.

Das Elternhaus hat uns mit selbstgebackenem Kuchen verwöhnt, wir haben dort viele Eltern kennengelernt, mit ihnen gefrühstückt und waren dank Barbara Seefelder auch hier ein Teil ihres Lebens.

Für ihr kritisches Auge und offenes Ohr danken wir André Feldhaus, Michael Kaiser, Julia Kamperdick und für den liebevollen gestalterischen Umgang mit dem Material Rebekka Trefzer.

Ein großer Dank gilt der Veronika-Stiftung Rottenburg – insbesondere Elke Zimmermann und Stefanie Heiberger –, die an unser Projekt geglaubt und es großzügig unterstützt hat.

Wir fragen Lars Hartmut, ob er uns mit seinem Laserschwert kleinzaubern kann, legen uns bei euch auf Station in die Betten, bohren Löcher in den Boden und freuen uns, denn das kann man bei euch richtig gut.

Wenn wir wiedergeboren werden:

Feldmaus

getigerter Kater

HERAUSGEBERINNEN

Kathrin Feldhaus
geboren 1979, Studium „Kulturwissenschaften und Ästhetische Praxis" an der Universität Hildesheim mit Schwerpunkt Theater und Bildende Kunst. Während des Studiums zahlreiche freie Projekte, Assistenzen am Stadttheater Hildesheim und Luzerner Theater sowie im Bildband-Lektorat des Gerstenberg Verlags. Veröffentlichung der Diplomarbeit über die amerikanische Fotografin Diane Arbus im ibidem-Verlag. Von 2007 bis 2011 Leiterin des Marketings am Theater Freiburg. Seitdem als freie künstlerische Projektleiterin tätig.

Margarethe Mehring-Fuchs
geboren 1952, Studium und Arbeit als Sozialpädagogin. 1988 Kulturmanagement-Studium, anschließend zahlreiche und preisgekrönte kulturelle Projekte mit Jugendlichen aus verschiedenen Herkunftskulturen. Seit 2002 freiberuflich tätig für Element 3 – Jugend, Kultur, Konzept e.V. in Freiburg. Diverse Dokumentarfilme, u. a. „Zwischen Rap und Ramadan", „Die Judenschublade – junge Juden in D."(Kino, Fernsehen, ARD Filmfestival), Theaterproduktionen zur Situation von Flüchtlingen und Roma in Deutschland in Kooperation mit dem Theater Freiburg sowie Projekte mit krebskranken und gesunden Jugendlichen: „Kennwort:Hoffnung" (Theater Freiburg), „Station Leben" (LTT Tübingen), „Smiling Doors" (Junge Oper Stuttgart), Dokumentarfilm „Planet Hoffnung" in Kooperation mit der Universitätsklinik Tübingen/Kinder- und Jugendonkologie.

zum Hören!

GLÜCKSMOMENTE

Die bewundernswerte lebensbejahende Kraft, die in den Geschichten steckt, wollten wir noch mal besonders lebendig werden lassen. Und was wäre das Leben ohne Musik, deshalb ist daraus ein musikalisches Hörspiel entstanden, in dem gesunde Kinder und Jugendliche mit Schauspielern und Berufsmusikern stellvertretend die Geschichten der kranken Kinder und Jugendlichen erzählen. Bei Musik-Workshops in der Klinik wurde die Station zum Beben gebracht und auch diese besonderen Momente sind Teil des Hörspiels.

Wer hinter den Stimmen und Klängen steckt:

Ro Kuijpers
Perkussionist und Komponist, hat die Musik für das Hörspiel komponiert und es beim Schneiden bestimmt 1000 Mal angehört. Geboren 1957, trommelte er schon mit vier Jahren auf Eimern, ab 12 Jahren auf Bongo und Congas. Seit 1975 Berufsmusiker für Perkussion, u. a. mit „Jango Edwards & Friends Roadshow“, 1976-1982 in den USA mit der Band „Prismatic“ und Auftritte mit Jazzmusikern in Detroit. 1982-1988 Welttournee, u. a. mit „Jango Edwards & Friends Roadshow“, „Fernando Lameirinhas & Joia“, Alfredo de la Fé, Nicky Marrero, Gary Barone. Seit 1988 Komponist und musikalischer Leiter für Film- und Theaterproduktionen, Dozent für Latin Perkussion.

Felix Borel
Geiger, sonst beim SWR Sinfonieorchester, stammt aus einer Hugenottenfamilie, hat große Hände und spielt trotzdem himmlisch.

Lena Drieschner
Schauspielerin und professionelle Sprecherin, war bei den Aufnahmen hochschwanger, meinte aber: „Sprechen kann ich ja noch.“

Wolfgang Fernow
Kontrabass, spielt sehr gerne improvisierte Musik mit Herz und Seele.

Linus Meister
10 Jahre alt, Euphonium und Sprecher, hat eine wunderbare Stimme und liebt es, bei Ro zu trommeln.

Marie Peschers
15 Jahre alt, Sprecherin, spielt sonst unter anderem Querflöte, mag Kung Fu und liest gerne Mangas.

Julia Plattner
12 Jahre alt, Trompete und Sprecherin, ist fasziniert von China, schreibt kleine Geschichten und malt sehr gerne.

Mathias Schmid
15 Jahre alt, Sprecher, seine größten Hobbys sind die Freiwillige Feuerwehr sowie Schlagzeug spielen und Trommeln bei Ro.

Andreas Helgi Schmid
Schauspieler und professioneller Sprecher, kann auch noch Englisch, Isländisch, Russisch, Bayerisch und Schwäbisch, hat mit viel Fantasie und seinem wunderbaren Humor die Glücksmomente in ein Hörspiel verwandelt.

Elkhan Zaki-Zada Vafa
10 Jahre alt, Geige, ist in seiner Heimat Aserbadjan richtig berühmt. Ein Glücksmoment war für ihn, als er für die CD zusammen mit Felix Borel gespielt hat.

Mein Glücksmoment:

Hanna

Es tut gut, mal alles rauszulassen!

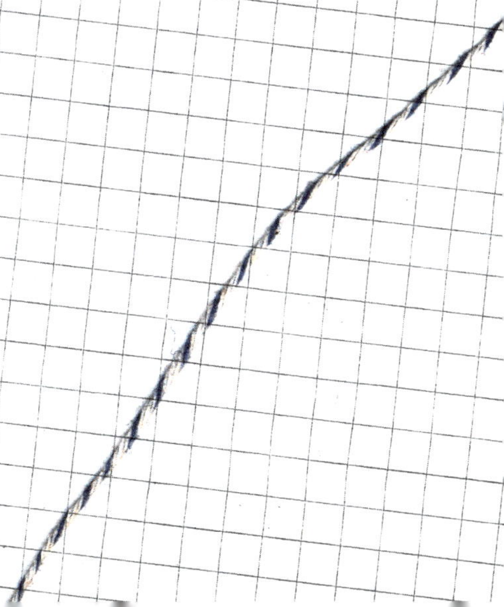

To-do-Liste
für mein Leben

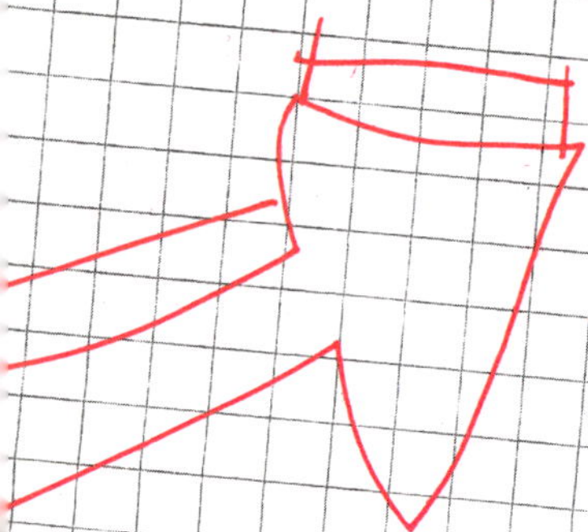

ICH MACHE, WAS ICH WILL!

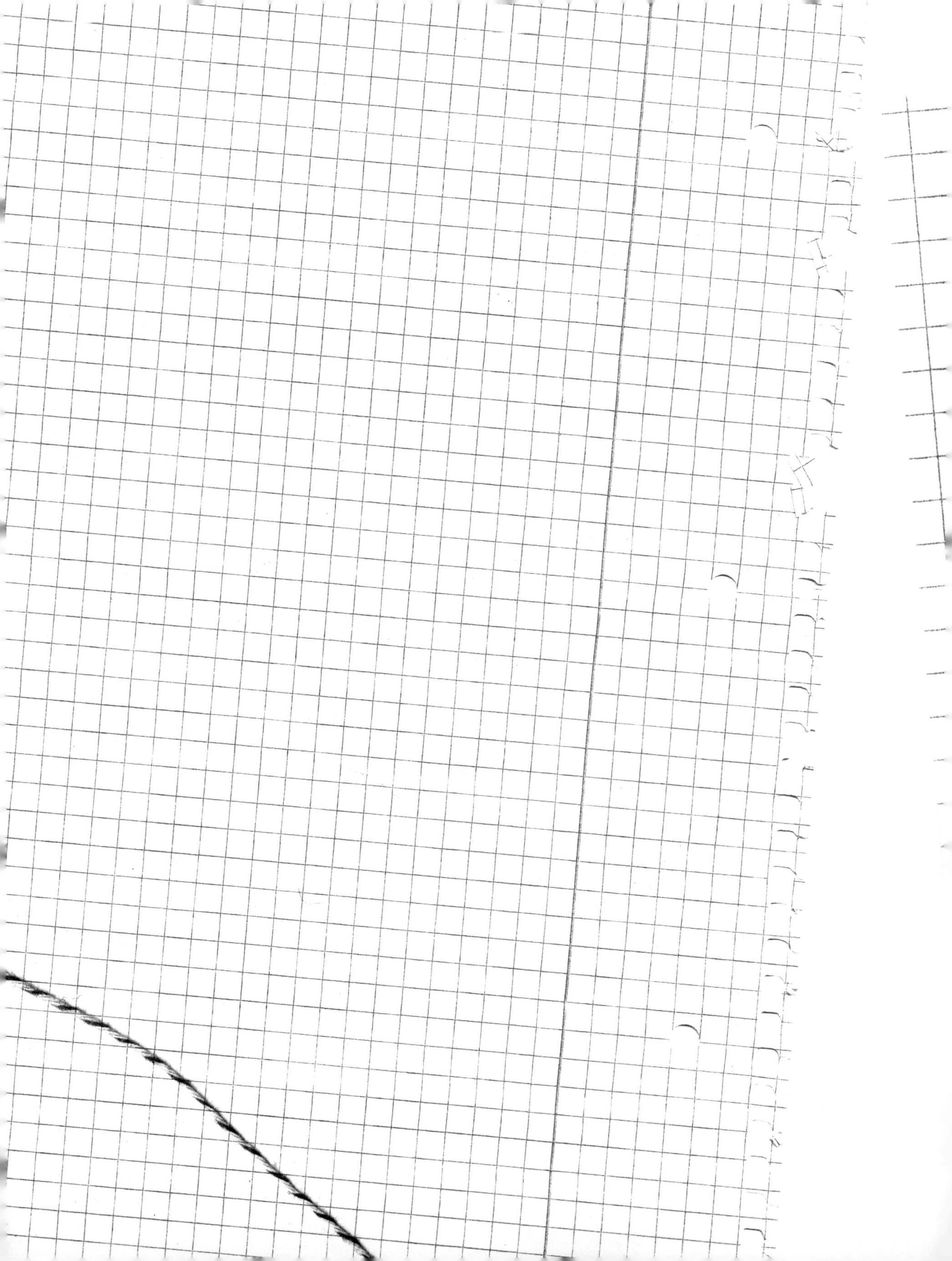

Himmel?

GOTT ODER GEISTER?

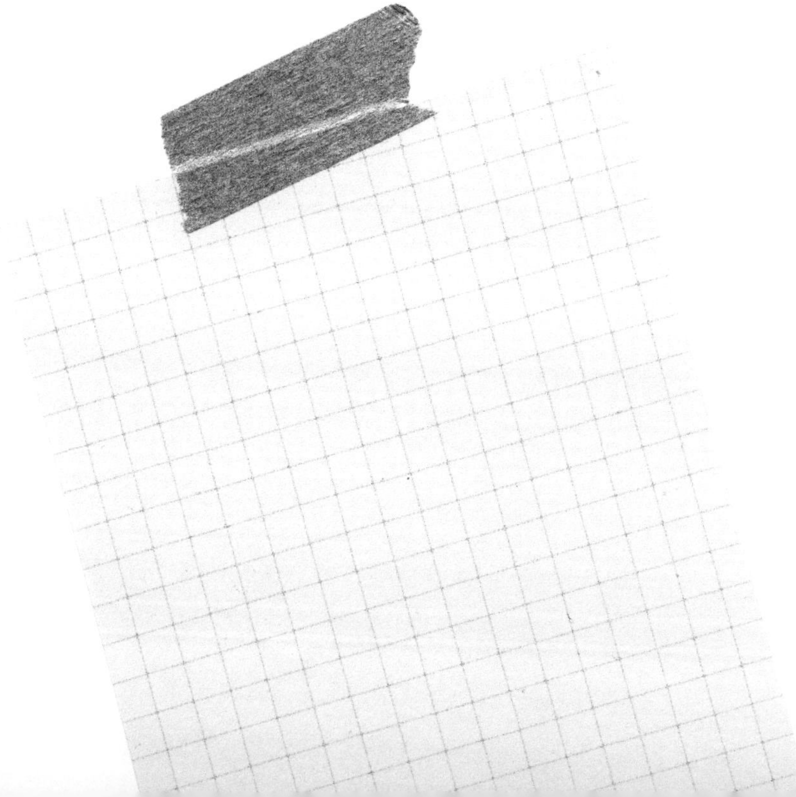

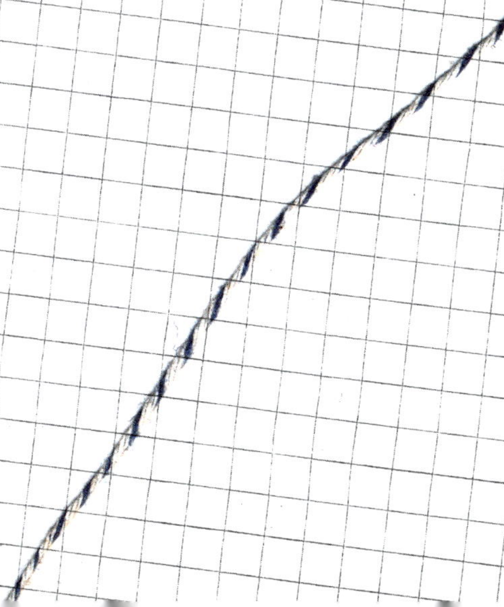

Ein ganz besonderer Tag

VERLAGSGRUPPE PATMOS

PATMOS
ESCHBACH
GRÜNEWALD
THORBECKE
SCHWABEN

Die Verlagsgruppe
mit Sinn für das Leben

Ein Projekt der Veronika-Stiftung
„Die Hand zum Leben reichen"

in Kooperation mit Element 3 –
Verein zur Förderung der Jugendkultur e.V.

MIX
Papier aus verantwortungsvollen Quellen
FSC® C006701

Für die Schwabenverlag AG ist Nachhaltigkeit ein wichtiger Maßstab ihres Handelns. Wir achten daher auf den Einsatz umweltschonender Ressourcen und Materialien. Dieses Buch wurde auf FSC®-zertifiziertem Papier gedruckt. FSC (Forest Stewardship Council®) ist eine nicht staatliche, gemeinnützige Organisation, die sich für eine ökologische und sozial verantwortliche Nutzung der Wälder unserer Erde einsetzt.

www.patmos.de

Gestaltung: Rebekka Trefzer
Druck: CPI – Ebner & Spiegel, Ulm
Hergestellt in Deutschland
ISBN 978-3-8436-0496-3